CB013502

CRIMES NA LICITAÇÃO

CONTRACORRENTE

SILVIO LUÍS FERREIRA DA ROCHA

CRIMES NA LICITAÇÃO

São Paulo

2016

Rua Dr. Cândido Espinheira, 560 | 3º andar
São Paulo - SP - Brasil | CEP 05004 000
www.editoracontracorrente.com.br
contato@editoracontracorrente.com.br

Dados Internacionais de Catalogação na Publicação (CIP)
(Ficha Catalográfica elaborada pela Editora Contracorrente)

R672 ROCHA, Silvio Luís Ferreira da.

Crimes na Licitação | Silvio Luís Ferreira da Rocha - São Paulo: Editora Contracorrente, 2016.

ISBN: 978-85-69220-11-4

Inclui bibliografia

1. Direito. 2. Direito Administrativo. 3. Direito Penal. 4. Direito Público. 5. Licitações. I. Título.

CDU - 342

Impresso no Brasil
Printed in Brazil

SUMÁRIO

CAPÍTULO III

DO ARTIGO 89 DA LEI N. 8.666/1993

CAPÍTULO IV

FRUSTRAR OU FRAUDAR MEDIANTE AJUSTE O CARÁTER COMPETITIVO DO PROCEDIMENTO LICITATÓRIO

CAPÍTULO V

PATROCÍNIO DE INTERESSE PRIVADO

CAPÍTULO VI

ADMITIR OU POSSIBILITAR VANTAGENS

CAPÍTULO VII

IMPEDIR, PERTURBAR OU FRAUDAR LICITAÇÃO

CAPÍTULO VIII

DEVASSAR SIGILO DE PROPOSTA

CAPÍTULO IX

AFASTAR OU PROCURAR AFASTAR LICITANTE

CAPÍTULO X

FRAUDE EM LICITAÇÃO INSTAURADA EM PREJUÍZO DA FAZENDA PÚBLICA

CAPÍTULO XI

LICITAR OU CONTRATAR COM INIDÔNEO

CAPÍTULO XII

OBSTAR, IMPEDIR OU DIFICULTAR O CADASTRAMENTO

CAPÍTULO XIII

DO PROCESSO E DO PROCEDIMENTO JUDICIAL

AGRADECIMENTOS

À Eliane e ao Carlos Eduardo, cujas existências dão muito sentido à minha vida.

Aos amigos, empreendedores e jovens juristas Camila, Gustavo e Rafael, pela amizade e confiança demonstradas.

Ao estimado Celso Antônio Bandeira de Mello, eterno mestre, e à querida amiga Weida Zancaner Bandeira de Mello.

Aos alunos de ontem, de hoje e de amanhã.

APRESENTAÇÃO

Ninguém duvida da importância do instituto jurídico da licitação para a tutela da moralidade e do patrimônio público. Por isso, o legislador preferiu impor sanções criminais a comportamentos que atentem contra o procedimento licitatório, numa política criminal, a meu ver equivocada, de expansão do Direito Penal.

Partilho da opinião daqueles para quem o Direito Penal conserva sempre uma intrínseca brutalidade que torna problemática e incerta sua legitimidade moral e política. A pena, de qualquer modo que se justifique ou circunscreva, é de fato uma segunda violência que se acrescenta ao delito e que é programada e executada por uma coletividade organizada contra um solitário indivíduo.[1]

Por isso, uma das preocupações da presente obra foi a de conferir maior certeza na compreensão dos tipos penais descritos na Lei de Licitações e para tanto procurou analisá-los com maior apoio na doutrina administrativista do que propriamente na doutrina penalista.

Buscou-se compreender os tipos jurídicos penais a partir da concepção doutrinária acerca dos institutos administrativos envolvidos e, assim, reforçar a epistemologia garantista que deve informar o Direito Penal.

---

[1] FERRAJOLI, Luigi. *Direito e Razão*: Teoria do Garantismo Penal. 2ª Ed. São Paulo: Editora Revista dos Tribunais, 2006, p. 15.

Capítulo I

CONSIDERAÇÕES GERAIS ACERCA DA LICITAÇÃO E DO CONTRATO ADMINISTRATIVO

Sumário: Considerações gerais. Procedimento Licitatório. Do Contrato Administrativo. Normas Gerais.

CONSIDERAÇÕES GERAIS

A Administração Pública, no exercício de uma função administrativa, deve atingir determinados fins e, para isso, ela necessita de meios, de instrumentos, expressos por bens móveis, bens imóveis e serviços. Para obter tais bens, necessários ao atingimento de certos fins, a Administração Pública pode utilizar de meios unilaterais, exorbitantes, que dispensam a vontade e a colaboração dos proprietários desses bens, como a ocupação temporária, a requisição e a desapropriação ou pode utilizar-se de meios bilaterais, normais, que dependem da vontade e da colaboração dos proprietários desses bens, como o contrato.

Contudo, uma dificuldade adicional se coloca à Administração Pública quando ela recorre ao uso do instituto do contrato porque, em decorrência do princípio da igualdade e do princípio da impessoalidade, não se reconhece a ela a liberdade existente na ordem jurídica privada de escolher o particular que irá contratar com ela e lhe fornecer os bens ou prestar os serviços dos quais necessita.

A Administração Pública deve, antes de contratar, licitar. Se os particulares em geral gozam de ampla liberdade para contratar em razão do princípio da autonomia privada, o Poder Público – em particular a Administração Pública –, em decorrência do princípio da indisponibilidade do interesse público, está *obrigado* pela Constituição a seguir procedimento preliminar, determinado e preestabelecido, na conformidade da lei, denominado *licitação*.

A licitação, como regra, precede a contratação pela Administração Pública. A licitação constitui antecedente lógico e necessário do contrato administrativo. Dentre os possíveis objetivos da licitação, podemos destacar o de a) proporcionar à Administração a oportunidade de realizar o negócio mais vantajoso; b) o de assegurar aos administrados a possibilidade de disputarem, em igualdade de condições, o direito de contratar com o Estado, como prevê, expressamente, o art. 3º da Lei n. 8.666, de 21.6.1993, que dispõe: "A licitação destina-se a garantir a observância do princípio constitucional da isonomia e selecionar a proposta mais vantajosa para a Administração".

A licitação atende, também, a quatro exigências públicas: 1) Protege os interesses públicos e os recursos governamentais, pois evita pela concorrência a contratação por valores elevados ou acima dos níveis praticados no mercado; 2) Respeita o princípio da isonomia entre os particulares, pois lhes assegura uma disputa em igualdade de condições; 3) Obedece ao princípio da impessoalidade, ao embargar a escolha discricionária do contratante pela Administração, que poderia ser guiada com a intenção de favorecer ou com a intenção de prejudicar; 4) Obedece aos reclamos de probidade administrativa ao estabelecer procedimento que assegure o respeito aos princípios da isonomia e impessoalidade, acima mencionados.

A licitação é um procedimento administrativo, isto é, uma sucessão encadeada de atos administrativos orientados ao fim de escolher o licitante que, segundo os critérios objetivos previamente estipulados, apresentou a proposta considerada mais vantajosa à Administração.

PROCEDIMENTO LICITATÓRIO

A licitação é uma sucessão ordenada e encadeada de atos destinados a escolher dentro do universo de licitantes o que ofereceu proposta mais vantajosa para a Administração, de acordo com os critérios objetivos de julgamento previamente estipulados. A licitação é o resultado da somatória de atos relativamente independentes, mas vinculados por um objetivo comum.

O art. 22 da Lei n. 8.666/1993 prevê cinco modalidades de licitação: o concurso, o leilão, a concorrência, a tomada de preços e o convite. O concurso e o leilão servem a propósitos específicos e a concorrência, a tomada de preços ou o convite, destinam-se à aquisição de bens, serviços e obras pela Administração, divergindo uma da outra pelo valor do contrato e pela extensão da publicidade dada.

A complexidade desses atos pode variar de acordo com a modalidade de licitação escolhida. Serão mais complexos na concorrência, pelo valor do contrato ou pelo objeto licitado; menos complexos na tomada de preços e simplificados no convite.

Os atos que integram a licitação podem ser repartidos para fins didáticos em duas etapas, uma denominada *interna* e a outra *externa*.

A *interna* é destinada a firmar a intenção da entidade licitante e a obter certas informações necessárias à consolidação da licitação. Nessa parte, abre-se o processo de licitação, determina-se seu objeto, estabelecem-se suas condições, estima-se a eventual despesa e decide-se pela modalidade adequada, verifica-se a existência de recursos orçamentários, estima-se o impacto orçamentário-financeiro no exercício em que deva entrar em vigor, bem como nos dois subsequentes, e obtém-se a declaração do ordenador da despesa de que o aumento tem adequação orçamentária e financeira com a lei orçamentária anual e compatibilidade com o plano plurianual e com a lei de diretrizes orçamentárias. Após, obtêm-se a autorização de abertura e a aprovação do instrumento convocatório, ou seja, do edital ou da carta-convite. Esta é preparatória da segunda parte, ou da licitação propriamente dita. Destina-se a selecionar a melhor proposta à celebração do ato ou contrato desejado pela Administração Pública.[2] A etapa interna desenvolve-se na intimidade da Administração, sem produzir efeitos jurídicos relevantes externos, para além da Administração Pública, apesar da publicidade.[3] Na etapa interna, também chamada *preparatória*, a Administração, em seu recesso, pratica todos os atos necessários à abertura da licitação, antes de convocar os interessados.

A *fase externa* projeta efeitos para fora da Administração na medida em que requer a participação de terceiros como protagonistas de certos atos. Na fase externa, considerada essencial, temos a licitação propriamente dita, isto é, a prática de atos destinados à escolha de um contratante com a Administração. Por se tratar de procedimento administrativo é que a conclusão da etapa anterior condicionará a irrupção da etapa subsequente. Não se interpenetram. Nada do que haja sido objeto de exame na primeira fase pode vir a ser tomado em conta na segunda fase.

A *abertura* configura na fase externa a primeira etapa da licitação. Com a abertura, a Administração Pública noticia a licitação e convoca os possíveis interessados a ofertar. A abertura concretiza-se com a divulgação do instrumento convocatório, que pode ser definido como o ato pelo qual a Administração torna público o propósito de licitar um objeto determinado. O edital é ato convocatório para a concorrência, a tomada de preços, o leilão, o concurso e o pregão; e a carta-convite é o ato convocatório para o convite.[4]

---

[2] GASPARINI, Diógenes. *Direito Administrativo*. 13ª Ed. São Paulo: Saraiva, 2008, p. 594.

[3] DI PIETRO, Maria Sylvia Zanella. *Direito Administrativo*. 22ª Ed. São Paulo: Atlas, 2011, p. 387.

[4] Segundo Hely Lopes Meirelles: "a *carta-convite* é o instrumento convocatório dos interessados na modalidade de licitação denominada *convite*. É uma forma simplificada de edital que, por lei, dispensa a publicidade deste, pois é enviado diretamente aos possíveis proponentes, escolhidos pela própria repartição interessada. À *carta-convite*

O edital desempenha papel fundamental na licitação, por ser o documento que contém todas as regras que a dirigem. A ponto de Hely Lopes Meirelles o considerar "a *lei interna da concorrência e da tomada de preços*". De acordo com o citado autor, as indicações do edital "consubstanciam a vontade da Administração sobre a obra, a compra, a alienação ou o serviço desejado pelo Poder Público e orientam os interessados no preparo das propostas".[5]

O edital visa a dar publicidade à licitação, identificar o objeto licitado, delimitar o universo das propostas, circunscrever o universo de proponentes, estabelecer os critérios para análise e avaliação dos proponentes e propostas, disciplinar atos e prazos e fixar as cláusulas do futuro contrato.

Os doutrinadores nacionais definem de modo semelhante o edital. Diógenes Gasparini o considera "ato administrativo normativo através do qual a pessoa licitante noticia a abertura da licitação em uma das modalidades, fixa as condições de sua realização e do contrato e convoca os interessados para a apresentação das propostas para o negócio de seu interesse".[6] Hely Lopes Meirelles o define como "o instrumento pelo qual a Administração leva ao conhecimento público a abertura de licitação, fixa as condições de sua realização e convoca os interessados para a apresentação de suas propostas".[7] Segundo Celso Antônio Bandeira de Mello, *edital* "é o ato por cujo meio a Administração faz público seu propósito de licitar um objeto determinado, estabelece os requisitos exigidos dos proponentes e das propostas, regula os termos segundo os quais os avaliará e fixa as cláusulas do eventual contrato a ser

---

aplicam-se, no que for cabível, as regras do edital, dentro da singeleza que caracteriza o procedimento do convite. O essencial é que identifique o objeto da licitação, expresse com clareza as condições estabelecidas pela Administração, fixe o critério de julgamento e indique os recursos cabíveis." (*Direito Administrativo Brasileiro*. 38ª Ed. São Paulo: Malheiros Editores, 2012, p. 316).

[5] MEIRELLES, Hely Lopes. *Direito Administrativo Brasileiro*. 38ª Ed. São Paulo: Malheiros Editores, 2012, pp. 166/167.

[6] GASPARINI, Diógenes. *Direito Administrativo*. 13ª Ed. São Paulo: Saraiva, 2008, p. 595.

[7] MEIRELLES, Hely Lopes. *Direito Administrativo Brasileiro*. 38ª Ed. São Paulo: Malheiros Editores, 2012, p. 311.

travado".[8] Para Maria Sylvia Zanella Di Pietro, "o edital é ato pelo qual a Administração divulga a abertura da concorrência, fixa os requisitos para participação, define o objeto e as condições básicas do contrato e convida a todos os interessados para que apresentem suas propostas".[9]

Em todos esses conceitos o edital desempenha as funções de tornar pública a licitação; identificar o objeto licitado; delimitar o universo de proponentes e das propostas; estabelecer os critérios para análise e avaliação dos proponentes e propostas; regular os atos e termos processuais do procedimento; fixar as cláusulas do futuro contrato.[10]

Não se publica o edital de licitação em razão de sua extensão, embora a Administração não esteja proibida de fazê-lo. Mas publica-se com antecedência, no mínimo por uma vez, no *Diário Oficial* e em diário de grande circulação, um ato denominado *aviso* (art. 21 da Lei n. 8.666/1993), que resume os editais e serve também para indicar o local em que os interessados poderão ler e obter o texto integral do edital e todas as informações sobre a licitação.

O fornecimento do edital é oneroso, mas limitado. O ônus para o interessado tem por limite o custo efetivo da reprodução gráfica da documentação (art. 32, § 5º, da Lei n. 8.666/1993). Em outras palavras, a Lei não admite que Administração, para fornecer o edital cobre, a que título for, valor superior ao custo efetivo da reprodução gráfica.[11] Desta forma, somente se admite a cobrança de taxa remuneratória do custo de documentos fornecidos.[12]

---

[8] BANDEIRA DE MELLO, Celso Antônio. *Curso de Direito Administrativo*. 29ª Ed. São Paulo: Malheiros Editores, 2012, p. 594.

[9] DI PIETRO, Maria Sylvia Zanella. *Direito Administrativo*. 22ª Ed. São Paulo: Atlas, 2011, p. 389.

[10] DI PIETRO, Maria Sylvia Zanella. *Direito Administrativo*. 22ª Ed. São Paulo: Atlas, 2011, p. 389.

[11] BANDEIRA DE MELLO, Celso Antônio. *Curso de Direito Administrativo*. 29ª Ed. São Paulo: Malheiros Editores, 2012, p. 594.

[12] JUSTEN FILHO, Marçal. *Comentários à Lei de Licitações e Contratos Administrativos*. 13ª Ed. São Paulo: Dialética, 2008, p. 474.

O corpo do edital deve conter, obrigatoriamente, as informações descritas nos incisos do art. 40, entre elas a descrição do objeto da licitação, o prazo e condições para a assinatura do contrato, os critérios para julgamento, o critério de reajuste e a minuta do contrato.

O edital tem a natureza jurídica de convite a ofertar, ou *invitatio ad offerendum*. Por ele, a Administração convoca os interessados a apresentar propostas. Com isso, a expedição do edital não vincula a Administração a contratar, mas, tão somente, comunica a terceiros o interesse da Administração em receber propostas de contratação.

Qualquer cidadão é parte legítima para impugnar o edital até cinco dias antes da abertura dos envelopes de habilitação (art. 41, § 1º, da Lei n. 8.666/1993). Há uma extensão da legitimidade que transcende o legitimado e o interessado, para alcançar o cidadão que, por meio de reclamação administrativa ou ação popular, pode impugnar administrativa e judicialmente o edital considerado ilegal.

O licitante pode até o segundo dia útil que anteceder a abertura dos envelopes de habilitação, apontar as falhas ou irregularidades do edital (art. 41, § 2º, da Lei n. 8.666/1993), decaindo, após este prazo, do direito de impugnar administrativamente o edital.

O silêncio do interessado a respeito do edital viciado o impede de alegar o vício administrativamente em qualquer momento, segundo a regra do § 2º do art. 41, que determina a preclusão do direito de impugnar o edital de licitação se a denúncia não for feita no prazo do § 2º do art. 41 da Lei n. 8.666/1993.

A Administração está obrigada a exercer o controle da legalidade do ato convocatório, especialmente quando provocada. Por contrariar o interesse público concreto, costuma-se impor à Administração o dever de invalidar o edital viciado mesmo ausente impugnação no prazo fixado. A ausência de questionamento ou de impugnação não elimina a nulidade, pois a Administração tem o dever de se pronunciar de ofício tão logo tome conhecimento do vício.[13]

[13] JUSTEN FILHO, Marçal. *Comentários à Lei de Licitações e Contratos Administrativos*. 13ª Ed. São Paulo: Dialética, 2008, p. 547.

O ingresso em juízo para questionar a validade do edital também é possível e não está condicionado à prévia impugnação administrativa, embora alguns julgados minoritários neguem ao licitante o direito de impugnar o edital se à época oportuna, ciente das normas edilícias, não as impugnou. O fundamento seria a ocorrência de perda da faculdade de impugnar por questão lógica, na medida em que praticou ato na licitação, externando o desejo de dela participar, ainda que ciente do vício do edital, especialmente quando o § 2º do art. 40 faculta ao interessado impugnar o edital e ao mesmo tempo formular proposta.

A imutabilidade do edital é outra característica. A imutabilidade não impede a correção do edital, desde que reaberto o prazo para apresentação de propostas.

Habitualmente os vícios do edital consistem:[14] na *indicação defeituosa do objeto* ou na *delimitação incorreta do universo de propostas*; na *delimitação imprópria do universo de proponentes*; no *caráter aleatório ou discriminatório dos critérios de avaliação de proponentes e propostas*; no *estabelecimento de trâmites processuais cerceadores da liberdade de fiscalizar a lisura do procedimento*.

A *indicação defeituosa do objeto* ou a *delimitação incorreta do universo de propostas* ocorrem por ser imprecisa e obscura a identificação do objeto, impedindo seu exato reconhecimento, e tornam incomparáveis as propostas.

A *impropriedade na delimitação do universo de proponentes* configura-se pelo estabelecimento de índices ou fatores de capacitação excessivos, desproporcionais aos encargos envolvidos na licitação, ou exigidos em época irrelevante para a segurança das propostas.

O *caráter aleatório ou discriminatório dos critérios de avaliação de proponentes e propostas* ocorre pela estipulação de objetivos discriminatórios ou pela vagueza dos critérios, tudo a proporcionar excesso de subjetivismo à Administração.

---

[14] BANDEIRA DE MELLO, Celso Antônio. *Curso de Direito Administrativo*. 29ª Ed. São Paulo: Malheiros Editores, 2012, pp. 596/597.

O *estabelecimento de trâmites processuais cerceadores da liberdade de fiscalizar a lisura do procedimento* retira dos licitantes a faculdade de fiscalizar a licitação.

O edital viciado é nulo de pleno direito. A extensão das consequências do vício dependerá da análise do caso, mas os vícios do ato contaminam os atos sucessivos do procedimento.

A fase externa, após sua abertura pelo edital, pode ser desdobrada em duas etapas fundamentais, sem prejuízo de outras, como a análise das condições dos interessados que concorreram à licitação e a análise das propostas.[15]

No exame dos sujeitos verifica-se unicamente a *habilitação* ou *qualificação dos proponentes*, isto é, a capacitação jurídica, técnica, econômica, financeira e a regularidade fiscal. Conforme Celso Antônio Bandeira de Mello: "O que se põe em pauta, neste período inicial, é unicamente a *habilitação* ou *qualificação* dos proponentes. A atenção da Administração vai cifrar-se tão só a verificar se os que acorreram ao certame preenchem ou não os requisitos necessários para disputá-lo, segundo os termos prefixados no edital. Tais requisitos se relacionam exclusivamente com as capacitações jurídica, técnica e econômico-financeira dos interessados, além da regularidade fiscal (art. 27)".[16] Esta fase existe na concorrência e na tomada de preços.[17] A habilitação não existe no

[15] BANDEIRA DE MELLO, Celso Antônio. *Curso de Direito Administrativo*. 29ª Ed. São Paulo: Malheiros Editores, 2012, p. 588.

[16] BANDEIRA DE MELLO, Celso Antônio. *Curso de Direito Administrativo*. 29ª Ed. São Paulo: Malheiros Editores, 2012, p. 589.

[17] "Na *concorrência* a habilitação dos proponentes se faz na fase preliminar do julgamento das propostas, pela mesma comissão que a julgará ou pela comissão incumbida dos registros cadastrais. Do exame da documentação apresentada pelo interessado na concorrência resultará sua *qualificação* ou *desqualificação*, isto é, sua *habilitação* ou *inabilitação* para licitar. Se *habilitado*, a comissão examinará, subsequentemente, sua proposta; se *inabilitado*, devolver-lhe-á a proposta intacta, porque está rejeitado como proponente (...). "Na *tomada de preços* a habilitação é anterior à abertura da licitação e é genérica, porque o interessado se inscreve no *registro cadastral*, sendo qualificado consoante sua especialização profissional e classificado na faixa de sua capacidade técnica e financeira, valendo o certificado do registro para sua habilitação em toda licitação, nos limites de

convite. Ela é presumida. Há a convocação de três fornecedores considerados habilitados de antemão pela Administração.

Define-se a habilitação como o "ato vinculado por meio do qual a Administração reconhece ter o interessado capacidade para licitar", após ter analisado a documentação apresentada e exigida no edital.[18] Diógenes Gasparini define-a como "ato administrativo vinculado mediante o qual a comissão de licitação confirma no procedimento da licitação os licitantes aptos nos termos do edital".[19] É a fase do procedimento predisposta à análise da aptidão dos licitantes, isto é, a qualificação indispensável que devem reunir para que suas propostas possam ser examinadas pela comissão licitante.[20]

Examinam-se a habilitação jurídica, a qualificação técnica, a qualificação econômico-financeira e a regularidade fiscal (arts. 28 a 32 da Lei n. 8.666/1993) dos licitantes e o cumprimento do disposto no inciso XXXIII do art. 7º da CF, exigência acrescentada para proibir a participação de empresas que descumpram a proibição de trabalho noturno, perigoso ou insalubre a menores de 18 anos e de qualquer trabalho a menores de 16 anos. Estas espécies, fixadas pelo art. 27 da Lei n. 8.666/1993, são consideradas taxativas – *numerus clausus* –, e não meramente exemplificativas – *numerus apertus* –, de modo que não cabe à lei que não seja veículo de introdução de normas gerais no sistema estabelecer outras espécies de qualificação a serem exigidas dos interessados.

---

sua qualificação (...). "No *convite* a habilitação é *a priori* e para cada caso, visto que a Administração convoca aqueles que julga capacitados e idôneos para executar o objeto da licitação, o que não impede de exigir os comprovantes de capacidade jurídica, regularidade fiscal e trabalhista, capacidade técnica e idoneidade financeira dos que se apresentarem em atendimento da carta-convite" – conforme MEIRELLES, Hely Lopes. *Licitação e Contrato Administrativo*. 15ª Ed. São Paulo: Malheiros Editores, 2010, p. 186.

[18] FIGUEIREDO, Lúcia Valle. *Curso de Direito Administrativo*. 9ª Ed. São Paulo: Malheiros, 2008, p. 506.

[19] GASPARINI, Diógenes. *Direito Administrativo*. 13ª Ed. São Paulo: Saraiva, 2008, p. 603.

[20] BANDEIRA DE MELLO, Celso Antônio. *Curso de Direito Administrativo*. 29ª Ed. São Paulo: Malheiros Editores, 2012, p. 597.

As condições do direito a licitar são genéricas ou específicas. As genéricas são aquelas exigidas na Lei n. 8.666/1993 para toda e qualquer licitação, e as específicas são as fixadas pelo ato convocatório em decorrência do negócio jurídico a ser licitado.[21]

A Administração deve exigir dos interessados a comprovação das qualidades estritamente necessárias ao desempenho das prováveis futuras obrigações e evitar as exigências desnecessárias, que possam limitar a participação de pessoas no procedimento licitatório, conforme determina a própria CF, no art. 37, XXI. É do particular o ônus da prova da invalidade, do abuso, do excesso, da incorreção, dos requisitos exigidos para participar da licitação.[22]

A Lei n. 8.666/1993 consagra tradicional sistema de examinar as qualidades dos interessados em licitar antes das propostas; e, com isso, a Administração apenas poderá examinar as propostas daqueles a quem admitiu como idôneos a licitar, postergada a análise das propostas por um tempo indefinido, pois da decisão proferida pela comissão na fase de habilitação cabe recurso com efeito suspensivo.[23] Por essa razão, outras leis, como a Lei n. 11.079/2004 e a Lei n. 8.987/1995, propuseram a inversão da ordem no procedimento, com a análise das propostas e o exame das qualidades apenas do licitante que apresentou a proposta considerada mais vantajosa para a Administração.[24]

---

[21] JUSTEN FILHO, Marçal. *Comentários à Lei de Licitações e Contratos Administrativos*. 13ª Ed. São Paulo: Dialética, 2008, p. 382.

[22] JUSTEN FILHO, Marçal. *Comentários à Lei de Licitações e Contratos Administrativos*. 13ª Ed. São Paulo: Dialética, 2008, p. 388.

[23] Para Edmir Netto de Araújo, "a fase de habilitação, em especial na concorrência, se caracteriza como fase distinta no procedimento licitatório, tanto que a lei, em seu art. 43, I, determina que sua documentação seja aberta e apreciada antes da análise das propostas, cujos envelopes, no caso dos concorrentes inabilitados, ser-lhes-ão devolvidos fechados, se não houve recurso quanto à habilitação, ou após sua denegação. Os envelopes das propostas dos habilitados só podem ser abertos (III) desde que tenha havido desistência expressa de recursos quanto à habilitação, por parte de todos os presentes, ou que tenha transcorrido in albis o prazo para tais recursos, ou, ainda, após o julgamento dos mesmos". (*Curso de Direito Administrativo*. 5ª Ed. São Paulo: Saraiva, 2010, p. 565).

[24] JUSTEN FILHO, Marçal. *Comentários à Lei de Licitações e Contratos Administrativos*. 13ª Ed. São Paulo: Dialética, 2008, p. 381.

A *habilitação jurídica* destina-se a comprovar a existência de personalidade e a capacidade de direito e de fato para praticar atos jurídicos. Pode formular proposta quem pode juridicamente contratar.[25] Os documentos exigidos para comprovar a habilitação jurídica estão previstos no art. 28 da Lei n. 8.666/1993: cédula de identidade; registro comercial, no caso de empresa individual; ato constitutivo, estatuto ou contrato social em vigor registrado, no caso de sociedades comerciais e sociedades por ações, acompanhado de documentos de eleição de seus administradores, inscrição do ato constitutivo, no caso de sociedades civis, e decreto de autorização, no caso de empresa ou sociedade estrangeira.

A *regularidade fiscal* destina-se a comprovar o rigoroso cumprimento das obrigações fiscais do candidato ao certame, embora a exigência de regularidade fiscal não possa servir de meio para inviabilizar o exercício de atividades empresariais, embora se admita, como lícita e constitucional, a recusa do ente público em contratar com pessoa que esteja inadimplente com suas obrigações fiscais.[26] Os documentos exigidos estão previstos no art. 29 da Lei n. 8.666/1993, entre eles: a inscrição em cadastro de contribuintes federal – o CPF ou CNPJ –, estadual ou municipal, a prova de regularidade com as Fazendas, a seguridade social e o FGTS. A inscrição no cadastro de contribuintes permite

[25] JUSTEN FILHO, Marçal. *Comentários à Lei de Licitações e Contratos Administrativos.* 13ª Ed. São Paulo: Dialética, 2008, p. 393.

[26] Celso Antônio Bandeira de Mello radicaliza esta posição ao defender que "a existência de débitos fiscais só poderá ser inabilitante se o montante deles puder comprometer a 'garantia do cumprimento das obrigações' que possam resultar do eventual contrato". (*Curso de Direito Administrativo.* 29ª Ed. São Paulo: Malheiros Editores, 2012, p. 589). Mais radical ainda, no entanto, é o posicionamento de Maria Sylvia Zanella Di Pietro, para quem "não parece mais exigível, a partir da Constituição de 1988, a documentação relativa à regularidade jurídico-fiscal (...) pois isto exorbita do que está previsto na Constituição; além disso, não se pode dar à licitação (...) o papel de instrumento de controle de regularidade fiscal, quando a lei prevê outras formas de controle voltadas para essa finalidade. A única exigência que tem fundamento constitucional, dentre as contidas no art. 29, é a do inciso IV, referente à regularidade perante a seguridade social, exigida pelo art. 195, § 3º, da Constituição". (*Direito Administrativo.* 22ª Ed. São Paulo: Atlas, 2011, p. 391).

identificar o sujeito e firma a presunção de que ele exerce legalmente sua atividade em termos tributários, isto é, ele deu ao Fisco o prévio conhecimento de que realiza atividades econômicas sujeitas a tributação. Há um paralelismo entre o sistema federativo adotado e o número de cadastro de contribuintes. Por isso, além da inscrição no cadastro de contribuintes nacional – CNPJ ou CPF –, o interessado em licitar terá de comprovar inscrição no cadastro de contribuintes estadual ou municipal relativo ao domicílio ou sede pertinente ao ramo de atividade e ao objeto licitado, porque o inciso II do art. 29 da Lei n. 8.666/1993 "deve ser interpretado no sentido de que a natureza da atividade a ser desenvolvida no curso da contratação determinará a inscrição cadastral".[27] A prova de regularidade fiscal deve ser feita, a princípio, em face do ente federativo que promove a licitação, exceção à prova de regularidade relativa às contribuições devidas à seguridade social, com fundamento no art. 195, § 3º, da CF, que deve ser feita em toda e qualquer licitação. A par disso, a prova de regularidade deve referir-se apenas à atividade relacionada com o objeto licitado.[28] A prova de regularidade deve ser feita pelos meios disponíveis e aceitos pelo Código Tributário Nacional, isto é, ou pela certidão negativa de débitos ou pela certidão positiva com efeito negativo, descritos nos arts. 205 e 206 do CTN.

A *regularidade técnica* destina-se a comprovar que o participante tem condições de exercer atividades compatíveis com a licitação. Consiste no domínio de conhecimentos e habilidades teóricas e práticas para a execução do objeto a ser contratado.[29] A comprovação de aptidão

---

[27] JUSTEN FILHO, Marçal. *Comentários à Lei de Licitações e Contratos Administrativos*. 13ª Ed. São Paulo: Dialética, 2008, p. 401.

[28] Para Marçal Justen Filho, "a existência de débitos para com o Fisco apresenta pertinência apenas no tocante ao exercício de atividade relacionada com o objeto do contrato a ser firmado. (*Comentários à Lei de Licitações e Contratos Administrativos*. 13ª Ed. São Paulo: Dialética, 2008, p. 403). Não se trata de comprovar que o sujeito não tem dívidas em face da 'Fazenda' (em qualquer nível) ou quanto a qualquer débito possível e imaginável. O que se demanda é que o particular, no ramo de atividade pertinente ao objeto licitado, encontre-se em situação fiscal regular. Trata-se de evitar contratação do sujeito que descumpre obrigações fiscais relacionadas com o âmbito da atividade a ser executada".

[29] JUSTEN FILHO, Marçal. *Comentários à Lei de Licitações e Contratos Administrativos*. 13ª Ed. São Paulo: Dialética, 2008, p. 413.

para execução do objeto licitado é possível de ser exigida com maior intensidade nas licitações de obras e serviços, nas compras, mas alienações não se deveria cogitar do tema. A comprovação de aptidão para desempenho de atividade suscita questões. Os documentos exigidos são, conforme dispõe o art. 30: o registro ou inscrição na entidade profissional competente; a comprovação de aptidão para desempenho de atividade pertinente e compatível em quantidades e prazos e indicação das instalações, dos aparelhos e das pessoas técnicas disponíveis para eventual contrato, além da qualificação de cada um dos membros da equipe técnica que se responsabilizará pelos trabalhos; a comprovação, fornecida pelo órgão licitante, de que recebeu os documentos e de que tomou conhecimento de todas as informações e condições locais para o cumprimento das obrigações e objeto da licitação; prova de atendimento de requisitos previstos em lei especial, quando for o caso.

A capacidade técnica pode ser genérica, específica e operacional, segundo classificação proposta por Diógenes Gasparini.[30] A *capacidade técnica genérica* é a aptidão geral reconhecida em favor de alguém para execução de dada atividade regulamentada, comprovada pelo registro da pessoa no órgão fiscalizador do exercício profissional. Presume-se em favor do registrado essa capacidade. O registro ou inscrição deverá ser exigido se houver lei que restrinja o livre exercício de atividade ou profissão. No caso de o objeto licitado apresentar natureza complexa, o registro ou a inscrição deverá ser exigido em relação à atividade básica ou ao serviço preponderante; aconselhável, no caso, a indicação no edital da inscrição ou registro exigido.[31] A *capacidade técnica específica* é a aptidão especial reconhecida em favor de alguém para a execução de certa atividade, comprovada com a apresentação de certidão que assegure ter o licitante realizado a contento objeto da mesma natureza do licitado, conforme determina o art. 30, § 1º, da Lei n. 8.666/1993. A *capacidade técnica operacional* é a aptidão para dispor de bens, equipamentos e pessoal

---

[30] GASPARINI, Diógenes. *Direito Administrativo*. 13ª Ed. São Paulo: Saraiva, 2008, p. 608.

[31] JUSTEN FILHO, Marçal. *Comentários à Lei de Licitações e Contratos Administrativos*. 13ª Ed. São Paulo: Dialética, 2008, p. 416.

para execução de determinado contrato, que se comprova pela apresentação de relação explícita e declaração formal de sua disponibilidade, vedada a prova de propriedade ou localização prévia (art. 30, §§ 5º e 6º, da Lei n. 8.666/1993). Não são admitidas exigências de comprovação de atividade ou aptidão com limitações de tempo ou de locais específicos, que dificultem a participação de interessados na licitação.[32]

A *qualificação econômico-financeira* objetiva demonstrar ter o participante da licitação condição econômica de honrar o contrato, caso escolhido. Corresponde à disponibilidade de recursos econômicos para executar de forma satisfatória a prestação licitada, pois, como regra, cabe a ele antecipar a prestação com recursos próprios, já que a contraprestação devida pela Administração só será efetuada após ela receber e aprovar o objeto da prestação.[33] Cuida-se de pressuposto da habilitação que deverá ser proporcional ao valor dos investimentos necessários à realização da prestação licitada. O participante provará sua qualidade econômico-financeira com o balanço patrimonial e com demonstrativos contábeis do último exercício social; certidão negativa de falência ou concordata e garantias. Obras ou serviços e compras para entrega futura podem justificar a exigência de capital mínimo ou garantias exigidas na contratação (art. 31, III, e § 2º, da Lei n. 8.666/1993). O ato convocatório preverá os critérios para avaliação da situação econômica do interessado, e a demonstração da boa situação ocorrerá por índices contábeis devidamente justificados.

A *habilitação* atribui aos interessados que responderam à convocação feita pela Administração a *qualidade jurídica de licitantes* e o direito ao exame de suas propostas. Trata-se de um ato-atribuição, pois a Administração reconhece a expressa capacidade do licitante para contratar. A par disso, a habilitação marca o momento até o qual o interessado pode desistir da licitação (art. 43, § 6º, da Lei n. 8.666/1993), pois

---

[32] BANDEIRA DE MELLO, Celso Antônio. *Curso de Direito Administrativo*. 29ª Ed. São Paulo: Malheiros Editores, 2012, p. 602.

[33] JUSTEN FILHO, Marçal. *Comentários à Lei de Licitações e Contratos Administrativos*. 13ª Ed. São Paulo: Dialética, 2008, p. 451.

torna irretratável a proposta. Ensina Celso Antônio Bandeira de Mello: "A habilitação, como observa o professor Oswaldo Aranha Bandeira de Mello, tem o efeito jurídico de atribuir aos que afluíram ao certame a qualidade jurídica de ofertantes e o direito ao exame de suas propostas. É ato que remove obstáculos para concorrer ao objeto licitado. Daí que os habilitados, e só eles, podem disputá-lo. Os demais ficam excluídos da licitação".[34]

A inabilitação é ato administrativo mediante o qual a comissão de licitação exclui do procedimento licitatório os proponentes não considerados aptos nos termos do edital ou impedidos de licitar.[35]

A habilitação tem caráter preclusivo, o que significa que, ultrapassada esta fase, não cabe, como regra, indagar da capacidade jurídica, fiscal, técnica ou econômica do licitante. Afasta-se o caráter preclusivo da habilitação quando fatos supervenientes alterem a capacidade do licitante (art. 43, § 5º, da Lei n. 8.666/1993). Segundo Diógenes Gasparini, "concluído esse exame e, portanto, encerrada essa fase, é vedado o reexame, pela comissão de licitação, da aptidão de qualquer dos licitantes habilitados ou inabilitados, para excluir ou incluir proponentes no certame licitatório, salvo em razão de motivo superveniente ou conhecido pela comissão de licitação após o encerramento dessa fase (art. 43, § 5º, da Lei n. 8.666/1993)".[36]

Os *vícios mais comuns da habilitação* são: (a) o desrespeito aos dispositivos legais que disciplinam a habilitação; (b) a inobservância das condições estabelecidas no edital; (c) a exigência excessiva de documentos; (d) a exigência desproporcional de índices de capacidade econômica; (e) a exigência de índices de capacitação técnica e financeira referentes a época diversa daquela necessária para segurança da licitação.[37]

---

[34] BANDEIRA DE MELLO, Celso Antônio. *Curso de Direito Administrativo*. 29ª Ed. São Paulo: Malheiros Editores, 2012, p. 606.

[35] GASPARINI, Diógenes. *Direito Administrativo*. 13ª Ed. São Paulo: Saraiva, 2008, p. 606.

[36] GASPARINI, Diógenes. *Direito Administrativo*. 13ª Ed. São Paulo: Saraiva, 2008, p. 604.

[37] BANDEIRA DE MELLO, Celso Antônio. *Curso de Direito Administrativo*. 29ª Ed. São Paulo: Malheiros Editores, 2012, pp. 607/608.

Resolvida no âmbito administrativo a fase de habilitação, o que depende do julgamento dos recursos interpostos contra decisão da comissão que habilitou ou inabilitou interessados, considerando o efeito suspensivo *ex vi legis* art. 109, § 2º, da Lei n. 8.666/1993, passa-se ao *julgamento*, que compreende as fases de verificação de adequação das ofertas ao edital (art. 43, IV) e classificação de acordo com os critérios de avaliação (art. 43, V). Assim, definida a habilitação dos interessados, segue-se o exame das propostas, que se inicia com a abertura dos envelopes, a análise das propostas conforme o edital, o descarte ou desclassificação daquelas desconformes com o edital e a classificação, isto é, a ordenação das propostas em vista das vantagens que oferecem. Portanto, num primeiro momento haverá a verificação de adequação das propostas aos requisitos do edital. Em dia e hora previamente divulgados, em sessão pública, a comissão reunida abre os envelopes e realiza exame de conformidade das propostas com os aspectos formais e substanciais exigidos no ato convocatório (art. 48, I, da Lei n. 8.666/1993).

As propostas devem revestir-se dos atributos de precisão, firmeza, seriedade e não onerosidade. *Oferta precisa* é a que contém os requisitos mínimos para vincular o ofertante. Proíbe-se a proposta que não contenha a indicação do preço e se reporte, por exemplo, a outras até então desconhecidas pelo licitante – como propor um preço 20% mais barato que o menor preço oferecido. A proposta deve ser *firme*, realizada com o propósito de obrigar o licitante caso seja declarada vencedora. Deve ser desclassificada a oferta redigida com os termos "se me aprouver", "se ainda tiver interesse", por ser indicativa da ausência de firmeza. A oferta deve ser *séria*, exequível, passível de ser cumprida, representativa do propósito do ofertante de cumprir o contrato; razão pela qual deverá ser desqualificada quando apresentar preços simbólicos, irrisórios, de valor zero, incompatíveis com os preços dos insumos e salários de mercado, acrescidos dos respectivos encargos (art. 44, § 3º, combinado com o art. 48, II, da Lei n. 8.666/1993). De outro lado, a oferta não deve ser onerosa, excessiva, superior aos parâmetros máximos fixados pela Administração, nela registrados, ou ao próprio valor de mercado (art. 43, IV, da Lei n. 8.666/1993).

A *desqualificação* ou *desclassificação* é a exclusão de proposta desconforme às exigências necessárias para sua participação no certame. A proposta não era séria, firme, precisa ou não onerosa. Define-a Diógenes Gasparini como "ato administrativo vinculado mediante o qual a comissão de licitação desacolhe as propostas apresentadas sem o atendimento formal e fora dos termos e condições do edital ou carta-convite".[38]

A *classificação* é o ato pelo qual as propostas são admitidas a exame comparativo. Define-a Diógenes Gasparini como "ato administrativo vinculado mediante o qual a comissão de licitação acolhe as propostas apresentadas formalmente e nos termos e condições do edital ou carta-convite".[39]

O art. 45 da Lei n. 8.666/1993 define, em número exaustivo, os *critérios de julgamento* das propostas denominados "tipos de licitação", entre eles: (a) a de menor preço; (b) a de melhor técnica; (c) a de técnica e preço; (d) a de maior lance ou oferta nos casos de alienação de bens ou concessão de direito real de uso.

Na *Licitação de menor preço* – O preço é o fator de maior relevância para a escolha da proposta. O fim de cada licitação é obter a melhor proposta pelo menor custo possível.[40] Busca-se, em última análise, o melhor – e não o menor – preço, que pode ser analisado a partir de fatores técnicos como qualidade, rendimento produtividade entre outros.[41]

Nas *Licitações técnicas* – Os tipos de licitação *melhor técnica* ou *técnica e preço* serão utilizados em serviços de natureza predominantemente intelectual (art. 46 da Lei n. 8.666/1993) ou no fornecimento de bens e execução de obras ou prestação de serviços de grande vulto, dependentes, em grande parte, de tecnologia sofisticada e domínio restrito, mediante justificativa circunstanciada da maior autoridade da Administração promotora do ato convocatório (art. 46, § 3º, da Lei n. 8.666/1993).

---

[38] GASPARINI, Diógenes. *Direito Administrativo*. 13ª Ed. São Paulo: Saraiva, 2008, p. 611.

[39] GASPARINI, Diógenes. *Direito Administrativo*. 13ª Ed. São Paulo: Saraiva, 2008, p. 611.

[40] JUSTEN FILHO, Marçal. *Comentários à Lei de Licitações e Contratos Administrativos*. 13ª Ed. São Paulo: Dialética, 2008, p. 595.

[41] JUSTEN FILHO, Marçal. *Comentários à Lei de Licitações e Contratos Administrativos*. 13ª Ed. São Paulo: Dialética, 2008, p. 595.

Ensina Marçal Justen Filho que as licitações de técnica são adequadas quando o interesse estatal apenas puder ser atendido por objetos que apresentem a melhor qualidade técnica possível, considerando as limitações econômico-financeiras dos gastos públicos. Aduz, ainda, que o núcleo central do § 3º do art. 46 da Lei n. 8.666/1993 não reside no valor da contratação, mas se reporta a situação em que a Administração não conseguiu determinar previamente a solução técnica satisfatória, de modo que o que torna peculiar a licitação é que a convocação ocorre não apenas para formulação de uma proposta econômica, mas também para a formulação de uma solução tecnológica. Sustenta, portanto, especialmente para a licitação *melhor técnica*, que pode a Administração definir as peculiaridades da prestação, de modo que a licitação se instaura para selecionar o licitante que melhor puder executá-la, ou a Administração estabelece o fim concreto a ser atingido, de modo que a licitação se instaura para selecionar o melhor modo de prestar e alcançar aquele fim.[42]

Dois problemas envolvem as licitações técnicas: a fixação de critérios objetivos de julgamento e o peso a ser atribuído às propostas técnica e comercial.[43] O edital deve prever exaustivamente os critérios de julgamento das ofertas técnicas sem privilegiar o subjetivismo, mediante o estabelecimento de paramentos objetivos de avaliação das propostas, que permitam pontuar as ofertas pelas utilidades para a Administração Pública, conforme determina o § 1º, I, do art. 3º da Lei n. 8.666/1993, compatíveis com o objeto licitado.[44]

A *licitação melhor técnica* deveria ser critério de julgamento guiado exclusivamente pela escolha da melhor tecnologia utilizada pelo proponente na execução do objeto licitado. Ocorre, no entanto, que determinou o legislador, fosse considerado também o menor preço proposto

---

[42] JUSTEN FILHO, Marçal. *Comentários à Lei de Licitações e Contratos Administrativos*. 13ª Ed. São Paulo: Dialética, 2008, pp. 606 e 612.

[43] JUSTEN FILHO, Marçal. *Comentários à Lei de Licitações e Contratos Administrativos*. 13ª Ed. São Paulo: Dialética, 2008, p. 608.

[44] JUSTEN FILHO, Marçal. *Comentários à Lei de Licitações e Contratos Administrativos*. 13ª Ed. São Paulo: Dialética, 2008, p. 608.

– o que a transformou numa licitação bifásica, que demanda a dissociação das propostas técnicas das propostas de preço, pela apresentação de envelopes distintos. Assim, numa primeira fase serão abertos os envelopes com as propostas técnicas dos licitantes, que serão avaliadas, comparadas e classificadas de acordo com os critérios técnicos pertinentes e adequados ao objeto licitado, definidos com clareza e objetividade no instrumento convocatório, que comprovem a capacitação do proponente e a qualidade técnica da proposta. Numa segunda fase serão avaliadas as propostas sobre o critério *preço* e classificadas em ordem decrescente do menor preço para o maior. Ocorre, então, uma negociação entre a Administração e o licitante cuja proposta técnica atingiu maior pontuação para reduzir sua proposta de preço ao menor valor encontrado. Desta forma, a melhor proposta resulta de uma negociação que culmina na escolha daquele que, tendo alcançado índice técnico comparativamente mais elevado que o de outras ofertas, concorde em rebaixar o preço ofertado até o montante da proposta de menor preço selecionada dentre as ofertadas.

Na *licitação técnica e preço*, regulada no § 2º do art. 46, "o critério de seleção da melhor proposta é o que resulta da média ponderada das notas atribuídas aos fatores técnica e preço, valorados na conformidade dos pesos e critérios estabelecidos no ato convocatório".[45] Abrem-se os envelopes com as propostas técnicas dos licitantes habilitados, que são avaliadas e valoradas segundo os critérios consignados no ato convocatório, atribuindo-se a elas uma nota de acordo com escala prevista no edital, à qual será dado um peso. São abertos os envelopes com os preços dos classificados tecnicamente. Também são atribuídos notas e pesos. Após, calcula-se a média de cada um dos proponentes classificados e se enumeram as propostas em ordem crescente ou decrescente, conforme previsto no edital, e se declara vencedor da licitação o que obtiver a maior ou menor média, segundo o ato convocatório.[46]

---

[45] BANDEIRA DE MELLO, Celso Antônio. *Curso de Direito Administrativo*. 29ª Ed. São Paulo: Malheiros Editores, 2012, p. 615.

[46] GASPARINI, Diógenes. *Direito Administrativo*. 13ª Ed. São Paulo: Saraiva, 2008, p. 616.

Após o julgamento, as ofertas são ordenadas ou classificadas segundo o maior número de vantagens oferecidas à Administração Pública.

Os vícios mais comuns da classificação são: a) classificar proposta de quem deveria ter sido inabilitado; b) classificar proposta que deveria ter sido desclassificada; c) classificar proposta levando em conta vantagens adicionais não previstas no edital; d) preterir proposta de menor preço sem a devida fundamentação, quando o edital é omisso quanto aos critérios de julgamento.[47]

A classificação investe o primeiro colocado na situação de único proponente apto a receber a adjudicação do objeto licitado, em vista do futuro contrato, uma vez homologado o certame.[48] A classificação serve para atribuir situações desiguais entre os licitantes, por estabelecer uma ordem entre eles, segundo a maior ou menor vantagem da proposta oferecida. Aqueles que tinham a situação geral de licitantes habilitados passam a ter situações individuais correspondentes à ordem de classificação obtida.[49]

É possível que haja alteração na situação jurídica do classificado em primeiro lugar: se houver, por exemplo, fato posterior suficientemente grave para inabilitá-lo; se houver incorreta classificação; ou, ainda, se ele se recusar a honrar a proposta vencedora.[50]

Superada a segunda fase da licitação, isto é, encerrada na esfera administrativa a classificação, com o julgamento dos recursos passa-se à *homologação*, ato pelo qual a autoridade competente (externa à comissão) confirma, ou não, a correção jurídica das fases anteriores. É a aprovação

---

[47] BANDEIRA DE MELLO, Celso Antônio. *Curso de Direito Administrativo.* 29ª Ed. São Paulo: Malheiros Editores, 2012, pp. 616/617.

[48] BANDEIRA DE MELLO, Celso Antônio. *Curso de Direito Administrativo.* 29ª Ed. São Paulo: Malheiros Editores, 2012, p. 617.

[49] DALLARI, Adilson Abreu. *Aspectos Jurídicos da Licitação.* 7ª Ed. São Paulo: Saraiva, 2006, p. 171.

[50] BANDEIRA DE MELLO, Celso Antônio. *Curso de Direito Administrativo.* 29ª Ed. São Paulo: Malheiros Editores, 2012, p. 617.

do procedimento licitatório pela autoridade administrativa competente, isto é, a que subscreveu o edital, autorizou a abertura do procedimento licitatório ou, em última análise, a que tem competência para vincular a entidade administrativa. Ocorre o exame dos atos integrantes do procedimento licitatório pela perspectiva da legalidade e da oportunidade, o que indica que poderá ocorrer a invalidação ou a revogação da licitação.[51] Preliminarmente verifica-se a conformidade dos atos praticados com a lei e o edital. Constatado o vício, ele deverá ser eliminado. A autoridade competente determinará a renovação dos atos, se possível. Superada essa etapa, a autoridade examinará a conveniência de se manter a licitaçãoE concluindo pela validade dos atos e conveniência da licitação, homologará o resultado.

Homologada a licitação, segue-se a ela a *adjudicação*, pela qual o primeiro classificado é definido como futuro contratante e convocado para travar o vínculo. Adjudicação é o ato pelo qual a Administração, promotora do certame, pela autoridade competente, atribui ao vencedor o objeto da licitação, assegurando-lhe o direito, salvo as exceções legais, de celebrar o contrato em vista do qual se realizou.[52] É vista como ato final do procedimento licitatório, pelo qual a Administração Pública declara a entrega, ao vencedor, do objeto da licitação. A adjudicação confere ao adjudicatário o direito de não ser preterido caso a Administração resolva contratar. Destarte, o fato de o objeto de dado certame ter sido adjudicado a um vencedor não implica reconhecer-lhe um direito subjetivo à contratação, mas apenas o direito de ser convocado em primeiro lugar, caso a Administração decida celebrar o contrato. Esta ideia,

---

[51] Lúcia Valle Figueiredo discorda de que possa a autoridade, na fase de homologação, pronunciar-se sobre a conveniência de se manter a licitação: "Releva, ainda, mais uma vez enfatizar que a decisão é competência das comissões de julgamento. Assim, à autoridade superior, que constituiu a comissão com função específica de proceder e julgar a licitação, nada mais compete além do controle da legalidade do procedimento. "Não endossamos, por conseguinte, a opinião dos que veem, no ato integrativo, controle de mérito. Existem atribuições próprias, que foram desenvolvidas pela comissão e devem ser respeitadas." (*Curso de Direito Administrativo*. 9ª Ed. São Paulo: Malheiros, 2008, p. 515).

[52] BANDEIRA DE MELLO, Celso Antônio. *Curso de Direito Administrativo*. 29ª Ed. São Paulo: Malheiros Editores, 2012, p. 618.

ainda prevalecente, começa a ceder à outra que ganha corpo, no sentido de que a Administração, em princípio, está obrigada a contratar, assim como o adjudicatário, de modo que não se deve admitir a contratação como faculdade ou prerrogativa da Administração, mas como um dever-poder, que significa que o adjudicatário teria direito a ser contratado.

Diógenes Gasparini enumera os seguintes efeitos à adjudicação: (a) aquisição, pelo vencedor do certame, do direito de contratar com a pessoa licitante, se houver contratação; (b) impedimento de a pessoa licitante contratar o objeto licitado com terceiro; (c) liberação dos demais proponentes de todos os encargos da licitação, com a devolução dos valores dados em garantia e dos documentos apresentados, mantidas as respectivas cópias no processo licitatório; (d) vedação de a Administração Pública licitante promover nova licitação enquanto vigorar a adjudicação; (e) responsabilização do vencedor, como inadimplente contratual, caso não assine o contrato no prazo marcado pela entidade licitante; (f) vinculação do adjudicatário aos encargos, termos e condições fixados no edital ou carta-convite e aos estabelecidos em sua proposta.[53]

Caso o adjudicatário não atenda ao chamado da Administração para assinar o contrato, a Administração poderá convocar os licitantes remanescentes, pela ordem de classificação, para fazê-lo em igual prazo e nas mesmas condições propostas pelo primeiro classificado, inclusive quanto aos preços, ou revogar a licitação, sem prejuízo do direito de impor penalidades ao adjudicatário desistente (art. 64, § 2º, da Lei n. 8.666/1993).

O adjudicatário pode desobrigar-se de assinar o contrato se a Administração não o convocar no prazo para tanto estabelecido no edital ou no prazo de 60 dias contados da data da entrega das propostas (art. 64 da Lei n. 8.666/1993).

Pode haver mais de um adjudicatário nas seguintes hipóteses: (a) *divisão da execução de uma obra* de vulto em diversos lotes licitados em uma só concorrência, com o propósito de ensejar a ampliação do mercado

---

[53] GASPARINI, Diógenes. *Direito Administrativo*. 13ª Ed. São Paulo: Saraiva, 2008, p. 625.

competidor ou de evitar a eventual dificuldade de um único licitante poder defrontar-se com toda a extensão da obra sem perda da eficiência e rapidez; (b) ampliação da competitividade, mediante cotação de quantidade inferior à demandada na licitação de bens de natureza divisível, de modo a permitir a seleção de diversas propostas em número suficiente a perfazer a quantidade licitada (art. 45, § 6º, e art. 23, § 7º, da Lei n. 8.666/1993).[54]

DO CONTRATO ADMINISTRATIVO

O contrato administrativo pode ser definido como "um tipo de avença travada entre a Administração e terceiros na qual, por força de lei, de cláusulas pactuadas ou do tipo de objeto, a permanência do vínculo e as condições preestabelecidas se sujeitam a cambiáveis imposições de interesse público, ressalvados os interesses patrimoniais do contratante privado".[55] Portanto, o contrato administrativo, se comparado com o contrato privado, apresenta peculiaridades,[56] que podem ser resumidas

[54] GASPARINI, Diógenes. *Direito Administrativo*. 13ª Ed. São Paulo: Saraiva, 2008, p. 590.

[55] BANDEIRA DE MELLO, Celso Antônio. *Curso de Direito Administrativo*. 29ª Ed. São Paulo: Malheiros Editores, 2012, p. 633.

[56] As peculiaridades são reconhecidas pela lei. O art. 54 da Lei n. 8.666/1993 estabelece que "os contratos administrativos de que trata esta Lei regulam-se pelas suas cláusulas e pelos preceitos de direito público, aplicando-se lhes, supletivamente, os princípios da teoria geral dos contratos e as disposições de direito privado". Por sua vez, o art. 58 estabelece que o regime jurídico dos contratos administrativos "confere à Administração, em relação a eles, a prerrogativa de: I – modificá-los, unilateralmente, para melhor adequação às finalidades de interesse público, respeitados os direitos do contratado; II – rescindi-los, unilateralmente, nos casos indicados no inciso I do art. 79 desta Lei; III – fiscalizar lhes a execução; IV – aplicar sanções motivadas pela inexecução total ou parcial do ajuste; V – nos casos de serviços essenciais, ocupar provisoriamente bens móveis, imóveis, pessoal e serviços vinculados ao objeto do contrato, na hipótese da necessidade de acautelar apuração administrativa de faltas contratuais pelo contratado, bem como na hipótese de rescisão do contrato administrativo". De acordo com Marçal Justen Filho: "Uma das características do regime jurídico dos contratos administrativos reside, tal como exposto, na atribuição à Administração Pública de competências peculiares, consistentes no dever-poder de inovar, unilateralmente, as condições originalmente pactuadas. Por tradição, essas competências são denominadas de prerrogativas especiais,

na presença de prerrogativas de (a) modificar unilateralmente o conteúdo do contrato, para melhor adequá-lo às finalidades de interesse público, respeitados os direitos do contratado; (b) rescindi-lo unilateralmente, nos casos especificados; (c) fiscalizar-lhe a execução; e (d) aplicar sanções motivadas pela inexecução total ou parcial do ajuste.

O art. 55 da Lei n. 8.666/1993 enumera as cláusulas contratuais necessárias ou essenciais, que foram também anteriormente estabelecidas no edital da licitação (arts. 40 e ss. da Lei n. 8.666/1993).

São elas, entre outras:

(a) O *preâmbulo*, cujo conteúdo obrigatório foi descrito no art. 61, *caput*, da Lei n. 8.666/1993: "os nomes das partes e os de seus representantes, a finalidade, o ato que autorizou a sua lavratura, o número do processo da licitação, da dispensa ou da inexigibilidade, a sujeição dos contratantes às normas desta Lei e às cláusulas contratuais".

(b) *O objeto e seus elementos característicos*: assim, o contrato deve descrever com minúcias todas as prestações assumidas pelas partes.

(c) O *regime de execução ou a forma de fornecimento*, isto é, definir como se dará a execução das prestações, das obrigações assumidas.

(d) O *preço* e as *condições de pagamento*, os *critérios*, *data-base* e *periodicidade do reajustamento de preços*, os *critérios de atualização monetária* entre a data do adimplemento das obrigações e a do efetivo pagamento.

(e) Os *prazos* de início de etapas de execução, de conclusão, de entrega, de observação e de recebimento definitivo, conforme o caso.

---

mas isso não deve induzir o aplicador a uma interpretação literal. Não existem, num Estado Democrático de Direito, prerrogativas nem privilégios, na acepção medieval dos termos. Trata-se de competências subordinadas ao Direito e cuja atribuição deriva da concepção instrumental da Administração Pública" (*Comentários à Lei de Licitações e Contratos Administrativos*. 13ª Ed. São Paulo: Dialética, 2008, p. 707).

(f) O *crédito pelo qual correrá a despesa*, com a indicação da classificação funcional programática e da categoria econômica. Deve o contrato indicar a origem dos recursos que custearão as despesas e a rubrica orçamentária definidas no momento da licitação, conforme dispõem os arts. 7º, § 2º, III, 14 e 15 – o que serve para evitar a assunção pela Administração Pública de obrigações sem a viabilidade concreta de cumpri-las.

(g) As *garantias oferecidas para assegurar sua plena execução*, quando exigidas. O art. 56 da Lei n. 8.666/1993 permite a exigência de garantia de que o contratado irá cumprir as obrigações assumidas, o que poderá ocorrer pela prestação de caução, seguro-garantia e fiança bancária no valor variável de 5 até 10% do valor do contrato, a depender do vulto e da complexidade do objeto licitado. Exigir, ou não, a apresentação de garantia é matéria inserida na competência discricionária da Administração.

(h) Os *direitos* e as *responsabilidades das partes*, as *penalidades cabíveis* e os *valores das multas*. O art. 87 da Lei n. 8.666/1993 descreve quatro sanções que podem ser aplicadas nos casos de inexecução total ou parcial do contrato: a advertência, a multa, a suspensão e a declaração de inidoneidade. Mais que a repetição dessas sanções, o contrato deve detalhar hipóteses que, ocorrentes, levam à aplicação de uma das sanções previstas.

(i) Os *casos de rescisão*: o art. 78 da Lei n. 8.666/1993 enumera as situações de extinção anormal da relação jurídica contratual, que podem ser sintetizadas na situação de mora ou inadimplemento total ou parcial do contratado (art. 78, I a VIII, da Lei n. 8.666/1993), desaparecimento do contratado, insolvência e alteração contratual que comprometam a execução do contrato (art. 78, IX a XI), razões de interesse público (art. 78, XII), caso fortuito ou força maior (art. 78, XVII).

(j) Os *direitos da Administração no caso de rescisão administrativa* prevista no art. 77 da lei, que, segundo o disposto no art. 80 da

Lei n. 8.666/1993, consiste na assunção imediata do objeto do contrato, na ocupação e utilização do local, bens e pessoal, na execução da garantia contratual e na retenção dos prejuízos decorrentes do contrato.

(k) As *condições de importação*, a *data* e a *taxa de câmbio para conversão*, quando for o caso.

(l) A *vinculação ao edital de licitação* ou ao *termo que a dispensou ou não a exigiu*, ao *convite* e à *proposta do licitante vencedor*.

(m) A *legislação aplicável à execução do contrato* e especialmente aos *casos omissos*.

(n) A *obrigação do contratado de manter*, durante toda a execução do contrato, em compatibilidade com as obrigações por ele assumidas, *todas as condições de habilitação e qualificação exigidas na licitação*.

(o) A *escolha obrigatória da sede da Administração como foro competente* para dirimir questão contratual.

(p) *Forma* é o modo de exteriorização do ato ou do contrato. O contrato administrativo deve ser revelado por meio de forma escrita, que permita sua conservação mediante o arquivo nas repartições interessadas por ordem cronológica. A regra de que o contrato administrativo seja escrito e lavrado na repartição administrativa é obrigatória nos casos de concorrência e tomada de preços e nas dispensas e inexigibilidades cujos preços estejam compreendidos nos limites destas duas modalidades de licitação (art. 60, combinado com o art. 62, *caput*, da Lei n. 8.666/1993). As exigências contidas no art. 60 destinam-se a assegurar a possibilidade de fiscalização sobre o cumprimento das formalidades legais. A imposição de tais formalidades impede a ocultação ou o sigilo acerca do contrato e reprime a tentação da prática de irregularidades.[57]

[57] JUSTEN FILHO, Marçal. *Comentários à Lei de Licitações e Contratos Administrativos*. 13ª Ed. São Paulo: Dialética, 2008, p. 726.

Para contratos cujos valores fiquem abaixo destes limites o instrumento escrito é facultativo e a existência do negócio jurídico pode ser provada por outros documentos escritos, como a carta-contrato, a nota de empenho de despesa, a autorização de compra ou a ordem de execução do serviço (art. 62 da Lei n. 8.666/1993).[58]

Os contratos administrativos que versem sobre direitos reais sobre imóveis devem ser lavrados por escrito público, portanto, em cartório de notas, cuja cópia será anexada no processo que lhe deu origem (art. 60 da Lei n. 8.666/1993).[59]

Como regra não se admite o contrato verbal com a Administração (art. 60, parágrafo único, da Lei n. 8.666/1993), salvo no caso de contratos relativos a pequenas compras de pronto pagamento definidas pelo valor inferior a 5% de R$ 80.000,00 ou R$ 4.000,00.[60] De acordo com Marçal Justen Filho, a ausência de forma escrita acarreta a nulidade do contrato, que não produzirá efeito algum; mas é necessário admitir a existência e a validade de contratos administrativos verbais quando a formalização for materialmente impossível ou incompatível com os pressupostos da própria contratação, pois existem situações emergenciais que demandam início imediato da execução da prestação pelo particular. Nesses casos, aguardar a formalização poderia acarretar a inutilidade da contratação, eis que algum dano irreparável poderia concretizar-se. Quando estiverem presentes tais pressupostos, caberá

---

[58] "Art. 62. O instrumento de contrato é obrigatório nos casos de concorrência e de tomada de preços, bem como nas dispensas e inexigibilidades cujos preços estejam compreendidos nos limites destas duas modalidades de licitação, e facultativo nos demais em que a Administração puder substituí-lo por outros instrumentos hábeis, tais como carta-contrato, nota de empenho de despesa, autorização de compra ou ordem de execução de serviço."

[59] "Art. 60. Os contratos e seus aditamentos serão lavrados nas repartições interessadas, as quais manterão arquivo cronológico dos seus autógrafos e registro sistemático do seu extrato, salvo os relativos a direitos reais sobre imóveis, que se formalizam por instrumento lavrado em cartório de notas, de tudo juntando-se cópia no processo que lhe deu origem."

[60] "Parágrafo único. É nulo e de nenhum efeito o contrato verbal com a Administração, salvo o de pequenas compras de pronto pagamento, assim entendidas aquelas de valor não superior a 5% (cinco por cento) do limite estabelecido no art. 23, II, 'a', desta Lei, feitas em regime de adiantamento."

a contratação verbal, a qual deverá ser formalizada no mais breve espaço de tempo.[61]

O resumo do instrumento do contrato ou seus aditamentos deve ser publicado na Imprensa Oficial, por iniciativa da Administração, no prazo de cinco dias úteis subsequentes ao mês da assinatura do contrato, sob pena de o contrato não produzir efeitos jurídicos, conforme dispõe o parágrafo único do art. 61 da Lei n. 8.666/1993.[62] O contrato somente produzirá efeitos depois de publicado na Imprensa Oficial. A ausência de publicação do extrato não é causa de sua invalidade, mas condição suspensiva da eficácia do contrato.

A publicação deve ocorrer no prazo de 20 dias contados da remessa para publicação, exceto nos casos em que o contrato decorre de dispensa ou inexigibilidade de licitação, hipótese em que a publicação deve ocorrer no prazo de 5 (cinco) dias úteis subsequentes à ratificação da dispensa ou inexigibilidade de licitação, levadas a termo pela autoridade superior (art. 26 da Lei n. 8.666/1993[63]). É da Administração Pública o ônus e a responsabilidade pela publicação do resumo do instrumento de contrato e aditamentos.

O art. 63 da Lei n. 8666/1993 reconhece a qualquer interessado, mediante o pagamento dos emolumentos devidos, o direito de obter cópia autenticada de contrato administrativo celebrado.[64] A jurisprudência

---

[61] JUSTEN FILHO, Marçal. *Comentários à Lei de Licitações e Contratos Administrativos.* 13ª Ed. São Paulo: Dialética, 2008, p. 726.

[62] "Parágrafo único. A publicação resumida do instrumento de contrato ou de seus aditamentos na Imprensa Oficial, que é condição indispensável para sua eficácia, será providenciada pela Administração até o quinto dia útil do mês seguinte ao de sua assinatura, para ocorrer no prazo de 20 (vinte) dias daquela data, qualquer que seja o seu valor, ainda que sem ônus, ressalvado o disposto no art. 26 desta Lei."

[63] "Art. 26. As dispensas (...), as situações de inexigibilidade referidas no art. 25, necessariamente justificadas, e o retardamento previsto no final do parágrafo único do art. 8º desta Lei deverão ser comunicados, dentro de 3 (três) dias, à autoridade superior, para ratificação e publicação na Imprensa Oficial, no prazo de 5 (cinco) dias, como condição para a eficácia dos atos."

[64] "Art. 63. É permitido a qualquer licitante o conhecimento dos termos do contrato e do respectivo processo licitatório e, a qualquer interessado, a obtenção de cópia autenticada, mediante o pagamento dos emolumentos devidos."

do TCU, em razão desse artigo e dos princípios da ampla publicidade da licitação e dos contratos administrativos, proíbe a inserção nestes contratos de cláusulas de confidencialidade.[65]

O prazo para assinatura do contrato é o previsto no edital ou no ato de convocação. O prazo de convocação para assinar o contrato não deve ultrapassar 60 dias da data da entrega das propostas, pois a inobservância deste prazo desonera os licitantes da obrigatoriedade de contratar (art. 64, § 3º, da Lei n. 8.666/1993[66]). Aduz Marçal Justen Filho que o citado prazo torna inviável o êxito da licitação quando ocorrer disputa entre os licitantes ou quando versar sobre objetos de maior complexidade. Sustenta ser de aplicação supletiva a citada norma, de modo que o edital pode ampliar ou reduzir o prazo previsto no § 3º do art. 64 da Lei n. 8.666/1993,[67] regra que foi contemplada no art. 6º da Lei n. 10.520, de 17.7.2002, que disciplina o pregão.

O não atendimento da convocação no prazo previsto, que deve ser razoável, resulta na decadência do direito à contratação e na submissão às sanções administrativas previstas (art. 64, combinado com o art. 81, da Lei n. 8.666/1993[68]).

O prazo para assinatura do contrato pode ser prorrogado uma vez por igual período, quando solicitado pela parte antes do seu decurso, e desde que ocorra motivo justificado aceito pela Administração (art. 64, § 1º, da Lei n. 8.666/1993[69]).

---

[65] JUSTEN FILHO, Marçal. *Comentários à Lei de Licitações e Contratos Administrativos.* 13ª Ed. São Paulo: Dialética, 2008, p. 735.

[66] "§ 3º Decorridos 60 (sessenta) dias da data da entrega das propostas, sem convocação para a contratação, ficam os licitantes liberados dos compromissos assumidos."

[67] GASPARINI, Diógenes. *Direito Administrativo.* 13ª Ed. São Paulo: Saraiva, 2008, p. 738.

[68] "Art. 64. A Administração convocará regularmente o interessado para assinar o termo de contrato, aceitar ou retirar o instrumento equivalente, dentro do prazo e condições estabelecidos, sob pena de decair o direito à contratação, sem prejuízo das sanções previstas no art. 81 desta Lei."

[69] "§ 1º O prazo de convocação poderá ser prorrogado uma vez, por igual período, quando solicitado pela parte durante o seu transcurso e desde que ocorra motivo justificado aceito pela Administração."

Diante da recusa ou omissão do convocado em assinar o contrato, pode a Administração (a) convocar licitantes remanescentes, na ordem de classificação, para assinar o termo do contrato em condições iguais às propostas pelo primeiro classificado ou (b) revogar a licitação, sem prejuízo de impor ao adjudicatário inadimplente as sanções previstas no art. 81 da Lei n. 8.666/1993 (art. 64, § 2º, da Lei n. 8.666/1993[70]).

Os novos convocados não estão obrigados a aceitar o contrato, e a recusa em contratar não lhes acarreta a imposição de sanções (art. 81, parágrafo único, da Lei n. 8.666/1993[71]).

NORMAS GERAIS

A Lei n. 8.666/1993, também conhecida por Lei Geral de Licitações (LGL), procurou estabelecer, com fundamento no artigo 37, XXI, da Constituição Federal, normas gerais sobre o procedimento licitatório. A competência da União é para editar normas gerais (art. 22, XXVII), admitida suplementação (art. 24, § 2º) – isto é, no tocante a licitações e contratos permanece intocada a competência residual dos Estados e a competência dos Municípios para legislar sobre assuntos de seu peculiar interesse.

A expressão "norma geral" representa assunto tormentoso na Ciência Jurídica. Entendemos por *normas gerais*: (a) preceitos que estabeleçam princípios, fundamentos, diretrizes, critérios básicos que necessariamente terão de ser completados por leis sucessivas; ou (b) preceitos que podem ser aplicados uniformemente em todo o País, por se tratarem

[70] "§ 2º É facultado à Administração, quando o convocado não assinar o termo de contrato ou não aceitar ou retirar o instrumento equivalente no prazo e condições estabelecidos, convocar os licitantes remanescentes, na ordem de classificação, para fazê-lo em igual prazo e nas mesmas condições propostas pelo primeiro classificado, inclusive quanto aos preços atualizados de conformidade com o ato convocatório, ou revogar a licitação independentemente da cominação prevista no art. 81 desta Lei."

[71] "Parágrafo único. O disposto neste artigo não se aplica aos licitantes convocados nos termos do art. 64, § 2º, desta Lei, que não aceitarem a contratação, nas mesmas condições propostas pelo primeiro adjudicatário, inclusive quanto ao prazo e preço."

de aspectos nacionalmente indiferentes, que repercutem com neutralidade em quaisquer das regiões do país.[72]

Assim, de acordo com Lúcia Valle Figueiredo, as normas gerais "disciplinam, de forma homogênea, para as pessoas políticas federativas, nas matérias constitucionalmente permitidas, para garantia da segurança e certeza jurídicas, (...) não podem ter conteúdos particulares que afetem a autonomia dos entes federados (...) [*e*] estabelecem diretrizes sobre o cumprimento dos princípios constitucionais expressos e implícitos".[73]

O núcleo de certeza e determinação do conceito de 'normas gerais', para Marçal Justen Filho, compreende os princípios e as regras destinados a assegurar um regime jurídico uniforme para as licitações e as contratações administrativas em todas as órbitas federativas e, com isso, assegurar, também, a efetividade do controle por órgãos externos e pela própria comunidade.[74]

Em síntese, a norma geral não corresponde a um detalhamento, pois cuida de determinada matéria de forma ampla, comporta aplicação uniforme e exige complementação, configurando lei nacional que transcende o âmbito de qualquer pessoa política.

A Lei n. 8.666, de 21.6.1993, pretende veicular normas gerais sobre licitações e contratos, mas nem todos os seus artigos ostentam esse caráter. São normas gerais na Lei n. 8.666/1993 os princípios enumerados nos artigos 1º a 5º e as normas que definem as espécies de licitação (art. 22, XXVII, da CF, que faz menção a todas as espécies de licitação).

É certo que o legislador ao aprovar a citada lei não se limitou a estabelecer, tão somente, normas gerais. Além de disciplinar matéria que não se enquadra no tema relacionado a normas gerais, se preocupou em

[72] BANDEIRA DE MELLO, Celso Antônio. *Curso de Direito Administrativo*. 29ª Ed. São Paulo: Malheiros Editores, 2012, pp. 539/540.

[73] FIGUEIREDO, Lúcia Valle. *Curso de Direito Administrativo*. 9ª Ed. São Paulo: Malheiros, 2008, p. 479.

[74] GASPARINI, Diógenes. *Direito Administrativo*. 15ª Ed. São Paulo: Saraiva, 2004, p. 15.

disciplinar os possíveis crimes relacionados com a licitação nos artigos 89 a 108 e, ao fazê-lo, manteve-se dentro dos limites da competência constitucional que lhe foi atribuída para privativamente legislar sobre matéria penal e processual penal como prevê o artigo 22, I, da C.F.

Dada à importância do instituto da licitação o legislador ao discipliná-la tratou, também, de protegê-la mediante a criminalização de comportamentos que atentam contra os objetivos e os propósitos do procedimento licitatório.

Capítulo II

CONSIDERAÇÕES GERAIS ACERCA DE ALGUNS INSTITUTOS DE DIREITO PENAL

Sumário: Conceito de Crime. Ação e Omissão. Resultado. Relação de Causalidade. Tipo. Antijuridicidade. Culpabilidade. Análise Global dos Tipos Penais na Lei de Licitações.

CONCEITO DE CRIME

O crime pode ser definido como a ação típica, antijurídica e culpável.

AÇÃO E OMISSÃO

A ação é o exercício de uma atividade final, dirigida, conscientemente, em função do fim. O ser humano é capaz de prever com certos limites as consequências de seus atos e querê-los ou aceitá-los. Não basta para caracterizar a ação a simples voluntariedade, ou seja, um componente psicológico sem conteúdo, mas a ação requer atividade voluntária direcionada a um fim determinado.[75]

[75] FRAGOSO, Heleno Claudio. *Lições de Direito Penal:* A Nova Parte Geral. 10ª Ed. Rio de Janeiro: Forense, 1986, p. 153.

No âmbito interno ou na esfera intelectual, o ser humano antecipa o fim que quer realizar, seleciona os meios para executar sua ação e os considera sob o critério da adequação e da necessidade, enquanto no âmbito externo ou objetivo age ou cumpre aquilo que fora pensado. Por isso toda ação, enquanto fato externo causador de um resultado, está ligada a ideia de discernimento e vontade, motivo pelo qual não se pune as ações que derivam de uma coação física irresistível ou de estado de inconsciência.

Segundo a lição de Heleno Cláudio Fragoso, "a ação integra-se através de um comportamento exterior, objetivamente, e, subjetivamente, através do conteúdo psicológico desse comportamento, que é a vontade dirigida a um fim. Compreende a representação ou antecipação mental do resultado a ser alcançado, a escolha dos meios, a consideração dos efeitos concomitantes ou necessários e o movimento corporal dirigido ao fim proposto".[76]

A ideia acima deriva da concepção finalista de ação. Durante muito tempo predominou na doutrina do Direito Penal brasileiro a concepção clássica que considerava a ação como o "comportamento humano voluntário, que produz modificação no mundo exterior (conceito naturalístico de ação), que compreende um processo interno de vontade; a atuação dessa vontade no mundo exterior, por meio de um fazer ou de um não fazer, e o resultado dessa atuação".[77] Na denominada concepção clássica o conteúdo da vontade não pertence à ação, e, sim, à culpabilidade e, assim, para determinar o conceito de ação basta saber que o comportamento foi voluntário, sem importar o conteúdo ou o alcance da vontade do ponto de vista normativo.[78]

Chama-se sujeito ativo a pessoa que realiza a ação e sujeito passivo a pessoa que sofre com a ação ou a recebe.

---

[76] FRAGOSO, Heleno Claudio. *Lições de Direito Penal:* A Nova Parte Geral. 10ª Ed. Rio de Janeiro: Forense, 1986, p. 152.

[77] FRAGOSO, Heleno Claudio. *Lições de Direito Penal:* A Nova Parte Geral. 10ª Ed. Rio de Janeiro: Forense, 1986, p. 156.

[78] FRAGOSO, Heleno Claudio. *Lições de Direito Penal:* A Nova Parte Geral. 10ª Ed. Rio de Janeiro: Forense, 1986, p. 156.

Tema relevante é a possibilidade de uma pessoa jurídica, um centro de imputações e responsabilidades, personificado pelo Direito, ser responsável criminal por uma ação, especialmente em decorrência do artigo 225, § 3º, da Constituição Federal.

Do ponto de vista normativo e dogmático a responsabilização penal de pessoas jurídicas apresenta-se como possível, desde que, por pressuposto, ações típicas, antijurídicas e culpáveis tenham sido realizadas por seus órgãos de representação, havendo, nesse caso, uma verdadeira coautoria entre a pessoa jurídica e os seus representantes, de modo que ambos – pessoa jurídica e pessoas físicas – responderão criminalmente por seus atos. Estão sujeitos, no entanto, a penas distintas pois, para as pessoas jurídicas seria inviável a execução de penas privativas de liberdade, restando a aplicação de sanções como a dissolução, a intervenção ou a imposição de multas.

A responsabilização penal da pessoa jurídica depende de previsão legislativa, a exemplo do que ocorre para os delitos ambientais. Penso estar ultrapassada a ideia de que a consciência da ilicitude, ainda que potencial, não seria suscetível de ser possuída por um ente moral, pois hoje se exige, sobretudo das empresas, que se comportem de forma ética, proba, honesta e moral.

O Direito Penal ocupa-se também da omissão, isto é, da não conduta. Mas desta , tão somente, quando o agente omite-se a realizar um dever sobre o qual estaria obrigado a agir, dando azo à distinção entre omissivos próprios – crimes de mera conduta sem resultado – e omissivos impróprios, isto é aqueles em que houve uma ação mas o sujeito não procurou evitar o resultado, embora estivesse obrigado a fazê-lo. Assim, os crimes omissivos demandam um poder de agir; a evitabilidade do resultado e a possibilidade de impedi-lo.

O dever de agir cabe a quem: a) tenha por lei a obrigação de cuidado, proteção ou vigilância; b) de outra forma assumiu a responsabilidade de impedir o resultado; c) com o seu comportamento anterior criou o risco de ocorrência.

RESULTADO

Resultado seria o efeito natural da ação ou o fato tipicamente relevante produzido no mundo exterior pela ação do agente. Cuida-se de um conceito naturalístico que permite concluir que há delitos com ou sem resultado.

RELAÇÃO DE CAUSALIDADE

O tema da causalidade surge quando a lei exige um resultado para caracterizar um crime. Da integração entre ação típica e resultado está implícita a relação causal ou de causalidade, considerada como a ação ou omissão sem o qual o resultado não teria ocorrido. Desta forma, a questão do nexo causal surge apenas nos crime materiais e dela não se cogita nos crimes omissivos puros e nos crimes formais ou de simples atividade.

Nem por isso, no entanto, o tema é irrelevante, pois a importância da matéria repousa no fato de a causalidade constituir limitação à responsabilidade penal: não pode o crime ser atribuído a quem não for causa dele. Acerca do assunto foram desenvolvidas, entre outras, a teoria da equivalência dos antecedentes e a teoria da causalidade adequada.

Pela teoria da equivalência dos antecedentes tudo o que concorre para o resultado é causa dele e, por isso, a referida teoria sustenta, em síntese, a equivalência de todos os antecedentes indispensáveis ao surgimento do resultado, qualquer que tenha sido a sua categoria ou grau de contribuição para o evento sem distinguir entre causa, condição ou ocasião.[79] O processo hipotético de eliminação considera causa todo o antecedente que não pode ser suprimido mentalmente sem afetar o resultado.

Pela chamada teoria da causalidade adequada, surgida em 1871 com a obra de Von Bar, a causa é o antecedente adequado para produzir

---

[79] FRAGOSO, Heleno Claudio. *Lições de Direito Penal*: A Nova Parte Geral. 10ª Ed. Rio de Janeiro: Forense, 1986, p. 168; MAGALHÃES NORONHA, Edgard. *Direito penal*. vol.1. São Paulo: Saraiva, 1981, p.117.

o resultado. A causa não é tomada em conta em relação ao acontecimento concreto, mas, abstratamente, em relação a acontecimento do gênero daquele a que se refere o juízo da causalidade. O antecedente é causado quando proporcional ou adequado ao resultado, o que se constata por um juízo de probabilidade e possibilidade. Tal teoria, resumidamente, distingue as consequências normais das consequências anormais e extraordinárias, excluindo, em relação a estas últimas, o nexo causal.[80]

Adota o Código Penal a teoria da equivalência dos antecedentes, mas, para evitar o inconveniente do regresso ao infinito, a relação de causalidade no Direito Penal é valorada pelo vínculo subjetivo do agente, isto é, interessa aquele que é previsível, que pode ser mentalmente antecipada pelo agente, limitada pelo dolo ou culpa que, com a consagração da teoria finalista da ação, situa-se no tipo penal. A par disso o § 1º do art. 13 do Código Penal impõe limites pelo rompimento do nexo causal ao excluir o nexo causal quando sobrevém concausa que se situe fora de linha normal de desdobramento do curso causal.

As causas podem ser precedentes ou preexistentes, concomitantes ou supervenientes à ação examinada e podem em relação a ela apresentar-se como absolutamente ou relativamente independentes. São chamadas de concausas. As concausas preexistentes, concomitantes ou supervenientes podem produzir, de forma absolutamente independente da conduta examinada, o resultado, de modo que um juízo hipotético de eliminação é que permite aferir se a conduta contribuiu para a produção do evento.

Elas podem auxiliar ou reforçar o processo concursal iniciado com a ação do sujeito caracterizado, assim, a soma de energia que produz o resultado que a tornaria uma concausa relativamente independente. Se a concausa é superveniente, ela pode ser a) irrelevante para o resultado, b) concorrer para o resultado, ou ainda c) ser a única relevante para a produção do evento danoso, excluída, assim, a responsabilidade do agente por aquele resultado, não por outros.

---

[80] FRAGOSO, Heleno Claudio. *Lições de Direito Penal:* A Nova Parte Geral. 10ª Ed. Rio de Janeiro: Forense, 1986, p. 169.

Na omissão, a relevância causal se mostra diminuída porque, como regra, os chamados crimes omissivos próprios significam simples desobediência à norma obrigatória, salvo nos crimes comissivos por omissão ou omissivos impróprios no qual o dever de agir existe para evitar um resultado.

TIPO

A expressão tipo constitui tradução livre da palavra alemã *Tatbestand* que significa o modelo legal do comportamento proibido e compreende o conjunto das características objetivas e subjetivas do fato punível, cujas funções seriam circunscrever e delimitar a conduta pessoalmente ilícita (a chamada função indiciária), garantir a previsibilidade de ação da pessoa (função de garantia) e servir para apartar uma ação criminosa de uma ação equivocada (função diferenciadora do erro).

O conceito de tipo remonta do ponto de vista histórico ao de *corpus delicti* empregado na doutrina antiga para significar o conjunto das características de determinado delito, que adquiriu função autônoma na estrutura do fato punível com a obra de Ernst von Beling em 1906.[81]

O tipo constitui-se de *elementos descritivos objetivos*, identificáveis, reconhecidos pela mera percepção dos sentidos, como objetos, coisas, seres e animais, de *elementos normativos* cuja compreensão envolve além da cognição uma valoração, e por isso expressam um juízo de valor como "indevidamente", "sem permissão legal", "fraudulentamente" [82] e elementos subjetivos do injusto.

Para Heleno Claudio Fragoso "são elementos descritivos aqueles cujo conhecimento se opera através de simples verificação sensorial, o que

[81] FRAGOSO, Heleno Claudio. *Lições de Direito Penal:* A Nova Parte Geral. 10ª Ed. Rio de Janeiro: Forense, 1986, p. 156.

[82] FRAGOSO, Heleno Claudio. *Lições de Direito Penal:* A Nova Parte Geral. 10ª Ed. Rio de Janeiro: Forense, 1986, p. 162.

ocorre quando a lei se refere a *membro, explosivo, parto, homem, mulher* e ao lado de tais elementos encontramos os chamados normativos, que só podem ser determinados mediante especial valoração jurídica ou cultural e uma terceira espécie de elementos, entrelaça aspectos descritivos e normativos que se determinam através de um juízo cognitivo, que deriva da experiência e dos conhecimentos que este proporciona, como quando se trata de determinar se certa conduta foi perigosa".[83]

Ainda segundo o referido autor, são pressupostos ou elementos do tipo objetivo o autor da ação, a ação ou omissão, o resultado e o nexo causal, enquanto são pressupostos ou elementos do tipo subjetivo o dolo ou a culpa.

O autor da ação normalmente não é caracterizado objetivamente, mas genericamente com a expressão *alguém*, o que permite os chamados crimes comuns, que não exigem qualidade, condição pessoal ou especial do autor da infração penal. No entanto, pode ser que em certos casos receba o autor uma individualização que o retire do anonimato como condição jurídica, profissional, social ou de parentesco (acionista, gerente, diretor, mães, gestante, ascendente).

O núcleo objetivo do crime é a ação – normalmente expressa por um verbo – que produz determinado resultado ou não, daí a distinção entre crimes materiais e crimes formais. Danificar coisa alheia é uma ação que demanda resultado, enquanto mentir é uma ação que pode ou não produzir resultados, mas para sua tipificação basta a ação de mentir.

A descrição da ação às vezes vem acompanhada de outras circunstâncias ou elementos que a completam.

Nos crimes de resultado há uma relação de causalidade adequada entre a ação e o resultado, isto é, o resultado deve decorrer necessariamente de uma ação dolosa. São pressupostos ou elementos subjetivos do tipo o dolo e a culpa.

---

[83] FRAGOSO, Heleno Claudio. *Lições de Direito Penal:* A Nova Parte Geral. 10ª Ed. Rio de Janeiro: Forense, 1986, p. 162

O dolo é considerado elemento geral. Ocorre o dolo quando o agente quer o resultado (art. 18, I, CP). O dolo é a consciência deliberada de realizar a conduta penal descrita ou no dizer de Heleno Claudio Fragoso "o dolo é vontade de realização da conduta típica".[84]

Ele é composto de um elemento cognitivo, o conhecimento do fato constitutivo da ação típica e de um elemento volitivo, que é a vontade de realizá-la. O elemento cognitivo ou intelectual exige para sua configuração a consciência atual daquilo que está sendo realizado que abranja todos os elementos essenciais do tipo, sejam eles descritivos, normativos ou subjetivos, enquanto o elemento volitivo ou a vontade requer a previsão, isto é, a representação, a possibilidade de influir no curso causal.

Nos tipos penais ao lado do dolo pode haver características subjetivas que os integram, fundamentam ou os tornam peculiares num especial fim ou motivo de agir conhecido por elemento subjetivo especial do tipo ou elemento subjetivo especial do injusto, como os delitos de intenção, os delitos de tendências, os especiais motivos de agir e momentos especiais de ânimo.

Ordinariamente compõe-se o tipo de uma face objetiva e outra subjetiva que se superpõem dando origem ao que se convencionou chamar de *tipos congruentes*, mas, em certos casos, a ilicitude depende de especial fim ou motivo de agir, que amplia o aspecto subjetivo do tipo, como no exemplo da prevaricação (art. 319, CP) na qual o tipo configura-se objetivamente quando o agente retarda ou deixa de praticar indevidamente ato de ofício ou o pratica contra disposição expressa de lei, embora o tipo subjetivo não se esgote com a vontade conscientemente dirigida à prática de tais ações ou omissões, pois só haverá crime se, além disso, o agente atuar "para satisfazer interesse ou sentimento pessoal".[85]

---

[84] FRAGOSO, Heleno Claudio. *Lições de Direito Penal:* A Nova Parte Geral. 10ª Ed. Rio de Janeiro: Forense, 1986, p. 176.

[85] FRAGOSO, Heleno Claudio. *Lições de Direito Penal:* A Nova Parte Geral. 10ª Ed. Rio de Janeiro: Forense, 1986, p. 179.

Delitos de intenção são aqueles que requerem um agir com finalidade ou intenção adicional de obter um resultado ulterior à atividade como "subtrair para si ou para outrem", "com o fim de obter em proveito próprio ou alheio".

Nos *delitos de tendência* a ação encontra-se envolvida por determinado ânimo cuja ausência impossibilita a sua concepção. A ação do agente expressa uma tendência especial de ação como "o propósito de ofender" nos artigos 138, 139 e 140 do Código Penal e o "propósito de ultrajar" no artigo 212 do Código Penal.

Os *especiais motivos de agir* constituem a fonte motriz da vontade delituosa e impulsionam a realização de condutas como motivo torpe, fútil, nobre, de relevante valor social ou moral.

Os *motivos especiais de ânimo* são elementos subjetivos do injusto que fundamentam ou reportam o juízo de desvalor social do fato, como ser egoísta, cruel ou malvado.

O dolo pode ser *direto* quando o agente se propõe a realizar a conduta típica ou *eventual* quando o agente assume o risco de produzir o resultado indesejado (Art. 18, I, do Código Penal). Assumir o risco, na preciosa lição de Heleno Claudio Fragoso, significa "prever o resultado como provável ou possível e aceitar ou consentir sua superveniência".[86]

A culpa é a inobservância do dever objetivo de cuidado manifestado numa conduta produtora de um resultado não querido, objetivamente previsível. O fim perseguido pelo autor é geralmente irrelevante, mas não os meios escolhidos ou a forma de sua utilização.

A tipicidade do crime culposo decorre da realização de uma conduta não diligente causadora de uma lesão ou de perigo a um bem jurídico penalmente protegido.

O tipo de injusto culposo apresenta os seguintes elementos constitutivos.

---

[86] FRAGOSO, Heleno Claudio. *Lições de Direito Penal:* A Nova Parte Geral. 10ª Ed. Rio de Janeiro: Forense, 1986, p. 178

Inobservância do cuidado objetivo devido, pois no injusto culposo o essencial não é a causação do resultado, mas o modo em que a ação causadora se realiza e por isso a observância do dever objetivo de cuidado – a diligência devida – constitui questão preliminar no exame da culpa.

A inobservância do cuidado objetivamente devido decorre de um juízo que compara a direção finalista real com a direção finalista exigida para evitar lesões aos bens jurídicos.

O dever objetivo de cuidado requer que cada um aja com prudência e inteligência necessárias à coexistência social.

A produção de um resultado, pois o resultado integra o injusto culposo porquanto só há crime culposo se do descumprimento do dever de agir com cuidado ou cautela resultou num dano ou lesão ao bem jurídico protegido.

O *nexo causal*, isto é, o resultado lesivo ao bem jurídico protegido deve ser a consequência do cuidado devido inobservado pelo agente.

A *previsibilidade objetiva do resultado*, pois o resultado no crime culposo deve ser objetivamente previsível, isto é, tomado por base a diligência ordinária de um homem médio e mais as circunstâncias do caso concreto deve-se indagar se era razoável supor a ocorrência do resultado, como um acidente decorrente da direção em excesso de velocidade em condições climáticas adversas.

ANTIJURIDICIDADE

A *antijuridicidade ou ilicitude*, como alguns preferem, é a contradição da ação com uma norma jurídica, que, por isso, afeta ou lesa a um bem jurídico tutelado. Essa relação de contrariedade é puramente objetiva, o que tornaria indiferente a relação anímica entre o agente e o fato justificado. De acordo com Heleno Claudio Fragoso "a antijuridicidade independe da culpabilidade. A afirmação de que a realização da conduta típica atinge os valores protegidos pela norma, e assim, contrária ao direito, independe da reprovabilidade do comportamento, sendo, pois, nesse sentido, resultado de juízo objetivo".[87]

Temos como *causas de justificação* o estado de necessidade, a legítima defesa, o estrito cumprimento do dever legal, o exercício regular de direito e outras causas de justificação denominadas de causas supralegais de justificação, como o consentimento do ofendido, desde que a manifestação do ofendido seja livre, ocorra sem coação, fraude ou outros vícios de vontade; o ofendido no momento de consentir possua capacidade para fazê-la e compreenda o seu ato e suas consequências; o bem jurídico seja disponível e o fato típico se limite e se identifique com o consentimento do ofendido.

CULPABILIDADE

A culpabilidade seria a reprovação social contra o agente do fato que se fundamenta na não omissão da ação contrária ao Direito ainda e quando podia havê-la omitida. É a reprovação que se faz ao autor por ter abusado de sua imputabilidade em relação a um determinado fato punível. Integram-na a imputabilidade; a possibilidade de conhecimento da ilicitude do fato; a exigibilidade de obediência ao Direito.

ANÁLISE GLOBAL DOS TIPOS PENAIS NA LEI DE LICITAÇÕES

O projeto de lei proposto pelo Deputado Roberto Pontes que deu origem a lei n. 8.666 de 1993 não trazia dispositivos penais, mas foi o resultado de emendas recebidas no Senado. Assim de forma inédita a lei de licitações e contratos da Administração criou tipos penais referentes a determinadas condutas que afrontam os princípios da moralidade administrativa e da tutela do erário público.[88]

---

[87] FRAGOSO, Heleno Claudio. *Lições de Direito Penal:* A Nova Parte Geral. 10ª Ed. Rio de Janeiro: Forense, 1986, p. 187.

[88] VENDRAME, Ivan. (2007) *A Tutela Penal da Moralidade Pública e do Erário Público*

Os tipos previstos na lei, se ocorridos, caracterizam crimes praticados contra a Administração Pública, não obstante o legislador tenha optado por deixá-los fora do Código Penal. Por isso, descrevem condutas praticadas por servidor público contra a Administração e condutas praticadas por particulares contra a Administração. Nota-se, porém, uma preocupação especial em coibir as condutas dos servidores, já que grande parte das fraudes pressupõe sua participação ou conivência. Por isso o legislador no artigo 83 estabeleceu como efeito automático da condenação, ainda que o crime seja praticado na forma tentada, a perda do cargo, emprego, função ou mandato eletivo.[89]

O artigo 84 da referida lei considera servidor público "aquele que exerce, mesmo que transitoriamente ou sem remuneração, cargo, função ou emprego público" e equipara o servidor público àquele que exerce cargo, emprego ou função em entidade paraestatal, assim consideradas as fundações, empresas públicas, sociedades de economia mista, demais entidades sob controle, direto ou indireto, do Poder Público.

O § 2º do art. 84 prevê como causa de aumento em 1/3 (um terço) o fato de o autor do crime ocupar cargo em comissão ou função comissionada.

O *cargo em comissão* dispensa concurso público para ser provido. É cargo vocacionado a ser ocupado em caráter transitório por pessoa de confiança da autoridade competente para preenchê-lo, a qual também pode exonerar *ad nutum* – isto é, livremente – quem o esteja ocupando. É o cargo que só admite provimento em caráter provisório, declarado em lei de livre nomeação, sem a realização de concurso público, e exoneração (art. 37, II, da CF), destinado a atribuições de direção, chefia e assessoramento (art. 37, V, da CF).[90] Contudo, após a Emenda Constitucional

---

nos Crimes Previstos na Lei n. 8.666, de 21 de junho de 1993. Dissertação – Pontíficia Universidade Católica de São Paulo, São Paulo, Brasil, p. 49.

[89] VENDRAME, Ivan. (2007) *A Tutela Penal da Moralidade Pública e do Erário Público nos Crimes Previstos na Lei n. 8.666, de 21 de junho de 1993.* Dissertação – Pontíficia Universidade Católica de São Paulo, São Paulo, Brasil.

[90] MEIRELLES, Hely Lopes. *Direito Administrativo Brasileiro.* 38ª Ed. São Paulo: Malheiros Editores, 2012, p. 471.

19/1998 uma parcela desses cargos em comissão deve ser ocupada por servidores de carreira, de modo que nessa hipótese o provimento não será livre.

A expressão "função pública" pode significar, de *modo específico*, o conjunto de atribuições criadas por lei correspondentes a encargos de direção, chefia ou assessoramento a serem exercidos por titular de cargo efetivo da confiança da autoridade que o preenche (art. 37, V, da CF). Cuida-se, nesse caso, de função de confiança, definida como o conjunto de atribuições conferidas a determinado servidor de carreira em razão de um vínculo existente entre ele e o chefe do Executivo. A função de confiança distingue-se do cargo em comissão em razão da nomenclatura e do tratamento legal. A função não pode ser exercida por pessoa estranha aos quadros do serviço público. A função de confiança só pode ser atribuída a titular de cargo efetivo (art. 37, V, da CF).

Uma análise dos tipos penais relacionados ao procedimento licitatório descritos nos artigos 89 a 99 apontam para ações dolosas dos agentes, isto é, o legislador preocupou-se em censurar, tão somente, aqueles comportamentos realizados com o propósito claro e consciente de incorrer neles e violar os bens juridicamente protegidos. Não há modalidades culposas nos tipos descritos. Esta distinção é importante por que as violações culposas, por descuido ou negligência dos cuidados descritos nos referidos artigos não terão o condão de deflagrar a responsabilização penal dos agentes.

As ações dolosas censuradas estão relacionadas a fatos como a não realização da licitação (art. 89) ou de fase do procedimento licitatório (art. 93); a fraude ao caráter competitivo da licitação (art. 90; art. 95 ou 98) ou fraude à execução do contrato (art. 92 e 96).

As penas privativas de liberdade são penas de detenção, o que implica na estipulação de regras específicas para o regime inicial de cumprimento da pena, pois, com efeito, o artigo 33 do Código Penal determina o cumprimento da detenção em regime semiaberto ou aberto, salvo necessidade de transferência para o regime fechado.

Nesse aspecto cabe destacar que há polêmica sobre ser possível aplicar, inicialmente, o regime fechado a crimes apenados com detenção. Há, nesse sentido, duas correntes. A que admite aplicar o regime fechado quando o réu for reincidente e outras circunstâncias do artigo 59 forem desfavoráveis, de modo que o § 2º, letras "b" e "c" do art. 33 do Código Penal devem prevalecer sobre o *caput;* e outra que defende ser somente possível aplicar o regime semiaberto, mesmo no caso de reincidência do réu, de modo que o *caput* do artigo 33 prevalece sobre o § 2º.[91] Filo-me à corrente que defende que o regime inicial para a execução da sanção de infração apenada com detenção é o aberto ou o semiaberto, ressalvada a regressão.

As penas máximas abstratas aplicáveis variam de 2 (dois) anos (artigos 91, 93, 97 e 98), 3 (três) anos (artigo 94), 4 (quatro) anos (artigos 90, 92 e 95), 5 (cinco) anos (artigo 89) e 6 (seis) anos (artigo 96) de modo que a prescrição da pretensão punitiva corresponde respectivamente a 4 (quatro), 8 (oito) e 12 (doze) anos, segundo regra estabelecida no artigo 109 do Código Penal.

Estabeleceu o legislador no art. 99 da Lei de Licitações a pena de multa calculada entre 2% a 5% com base no valor da vantagem efetivamente obtida ou potencialmente auferível pelo agente com fundamento na gravidade e características dos crimes previstos e, com isso, para alguns, inovou e criou um sistema próprio de pena de multa diferente do sistema previsto no Código Penal com nítidas desvantagens para os princípios da proporcionalidade, da individualização e da legalidade, *in verbis*:

"Deixando de lado um sistema consagrado no direito penal brasileiro – o sistema de dias-multa – ao tentar inovar, adotando o sistema de multa tradicional (clássico), além de não se ater às peculiaridades de cada uma das modalidades criminosas previstas na Lei, ao eleger como critério objetivo de fixação da pena de multa a vantagem auferida ou auferível do agente e, como alíquota, o valor do contrato celebrado, o

[91] NUCCI, Guilherme de Souza. *Código Penal Comentado.* 8ª Ed. São Paulo: Editora Revista dos Tribunais, 2008, p. 310.

legislador incorreu em graves inconvenientes, tornando o instituto inaplicável. Perdeu-se, assim, a oportunidade de punir de forma eficiente, com a sanção pecuniária, delitos (criminalidade econômica) em que tal pena mostra-se, ao menos em tese, eficiente, tendo em vista os agentes envolvidos nas tramas criminosas e todas as circunstâncias que os envolvem".[92]

[92] VENDRAME, Ivan. (2007) *A Tutela Penal da Moralidade Pública e do Erário Público nos Crimes Previstos na Lei n. 8.666, de 21 de junho de 1993*. Dissertação – Pontíficia Universidade Católica de São Paulo, São Paulo, Brasil.

Capítulo III

DO ARTIGO 89 DA LEI N. 8.666/1993

Sumário: Condutas puníveis: Licitação dispensada; Licitação dispensável; Licitação inexigível. Objetividade Jurídica. Elemento Subjetivo. Sujeitos do Crime. Consumação. Tentativa. Pena.

CONDUTAS PUNÍVEIS

Art. 89. Dispensar ou inexigir licitação fora das hipóteses previstas em lei, ou deixar de observar as formalidades pertinentes à dispensa ou à inexigibilidade:

Pena – detenção, de 3 (três) a 5 (cinco) anos, e multa.

Parágrafo único. Na mesma pena incorre aquele que, tendo comprovadamente concorrido para a consumação da ilegalidade, beneficiou-se da dispensa ou inexigibilidade ilegal, para celebrar contrato com o Poder Público.

Cuida o artigo 89 da Lei n. 8.666/1993, primeira parte, do crime de dispensa ou inexigibilidade de licitação fora das hipóteses previstas em lei. O citado artigo, na primeira parte, dispõe que dispensar ou não exigir licitação fora das hipóteses previstas em lei implica na imposição de pena de detenção de 3 (três) a 5 (cinco) anos e no pagamento de multa.

Marçal Justen Filho observa que "a dispensa da licitação verifica-se em situações em que, embora viável competição entre particulares, a licitação afigura-se objetivamente inconveniente ao interesse público".[93] Temos, portanto, no caso, condições objetivas de realizar a licitação – pluralidade de bens ou de ofertantes –, mas razões de interesse público autorizam o Poder Público a não realizá-la.

Os casos de dispensa da licitação estão previstos nos artigos 17 e 24 da Lei n. 8.666/1993. Parte da doutrina, no entanto, distingue entre *licitação dispensada* (hipóteses do artigo 17, incisos I e II) e *licitação dispensável* (incisos do art. 24). *Dispensada* significa que a licitação foi efetivamente afastada pelo legislador e, desta forma, cabe a autoridade administrativa apenas reconhecer a dispensa, enquanto *dispensável* significa que diante de situações hipoteticamente descritas nos incisos do art. 24, compete à autoridade administrativa deliberar se a licitação pública afetaria a tutela do interesse público.[94]

LICITAÇÃO DISPENSADA

O artigo 17, inciso I, dispensa a licitação para a alienação de bens imóveis da Administração Pública quando destinar-se a dação em pagamento; a doação para órgão ou entidade da Administração Pública de qualquer esfera de governo; permuta por outro imóvel; investidura; venda a outro órgão ou entidade da Administração Pública, de qualquer esfera de governo; alienação gratuita ou onerosa, aforamento, concessão de direito real de uso, locação ou permissão de uso de bens imóveis residenciais construídos, destinados ou efetivamente utilizados no âmbito de programas habitacionais ou de regularização fundiária de interesse social desenvolvidos por órgãos ou entidades da administração pública; procedimentos de legitimação de posse; alienação gratuita ou onerosa, aforamento, concessão de direito real de uso, locação ou

---

[93] JUSTEN FILHO, Marçal. *Comentários à Lei de Licitações e Contratos Administrativos.* 13ª Ed. São Paulo: Dialética, 2008, p. 234.

[94] NIEBUHR, Joel de Menezes. *Licitação Pública e Contrato Administrativo.* 3ª Ed. Belo Horizonte: Editora Fórum, 2013, p. 117.

permissão de uso de bens imóveis de uso comercial de âmbito local com área de até 250 m^2 inseridos no âmbito de programas de regularização fundiária de interesse social desenvolvido por órgãos ou entidades da Administração Pública; alienação e concessão de direito real de uso, gratuita ou onerosa, de terras públicas rurais da União na Amazônia Legal onde incidam ocupações até o limite de 15 (quinze) módulos fiscais ou 1.500 ha (um mil e quinhentos hectares) para fins de regularização fundiária, atendidos os requisitos legais.

O artigo 17, inciso II, dispensa a licitação para a alienação de bens móveis da Administração Pública quando destinados a doação para fins e uso de interesse social; permuta entre órgãos ou entidades da Administração Pública; venda de ações, que poderão ser negociadas em bolsa; venda de títulos na forma da legislação pertinente; venda de bens produzidos ou comercializados por órgãos ou entidades da Administração Pública, em virtude de suas finalidades; venda de materiais e equipamentos para outros órgãos ou entidades da Administração Pública, sem utilização previsível por quem deles dispõe.

LICITAÇÃO DISPENSÁVEL

Tais casos podem ser agrupados a partir de certos critérios escolhidos pelo legislador. Há dispensa de licitação *para a aquisição de bens, obras ou serviços de pequeno valor (art. 24, I e II)*, o que autoriza concluir que o custo econômico da licitação será superior ao custo do próprio contrato, revelando-se, portanto, antieconômica a realização de licitação. Prevalece, no caso, o princípio da economicidade. Assim, aquisições de obras e bens não superiores a R$ 15.000,00 ou a R$ 8.000,00, respectivamente, podem ser contratadas sem a realização de licitação. Proíbe-se, no entanto, o fracionamento da compra para, com a diminuição do valor, obter a dispensa da licitação. O valor da dispensa de licitação será maior, precisamente o dobro, para compras, serviços e obras contratados por sociedade de economia mista, empresa pública, bem como por autarquia e fundação qualificadas, na forma da lei, como agências executivas (art. 24, parágrafo único, da Lei n. 8.666/1993).

Há dispensa de licitação em decorrência de *situações excepcionais, como guerra, emergência ou calamidade* (art. 24, III, IV, VI, IX, XVII e XVIII). Prevalece o princípio da supremacia do interesse público sobre o privado. Deverá haver correlação lógica entre a contratação direta e a necessidade a ser atendida de imediato. A emergência torna inadequado o procedimento formal licitatório, cuja solução não pode aguardar o trâmite do processo administrativo.

Justificam a contratação direta, tanto a emergência que resulte do imprevisível, como aquela que resulte da inércia administrativa, responsabilizado, no último caso, o servidor que lhe deu causa. A contratação direta nos casos de emergência ou calamidade pressupõe a demonstração, pela Administração, da efetiva potencialidade do dano e de ser a contratação o meio adequado e efetivo para eliminar o risco do dano. A contratação direta nos casos de emergência exige duração do contrato inferior a 180 dias, proibida sua prorrogação.

Há dispensa de licitação *em razão da pessoa que irá contratar com a Administração*, como nos casos dos incisos XIII (instituição dedicada à recuperação social do preso), XVI (pessoa jurídica de direito público interno ou órgão apta a imprimir diários oficiais), XX (associação de portadores de deficiência) e XXIV (organizações sociais) do art. 24 da Lei n. 8.666/1993.

Há dispensa, ainda, no caso de licitação deserta, isto é, à qual não acodem licitantes, conforme dispõe o art. 24, V, da Lei n. 8.666/1933. A licitação deserta pressupõe licitação anterior concluída sem licitantes e com risco de prejuízo para a Administração caso tenha que repetir o processo licitatório. A contratação direta, neste caso, deve ocorrer com a manutenção de todas as condições anteriormente estabelecidas.

A licitação fracassada, isto é, aquela em que acudiram interessados, mas a Administração não logrou proposta conveniente, não admite contratação direta, exceto nos casos em que comprovadamente as propostas apresentadas consignem preços manifestamente superiores aos praticados no mercado (art. 24, VII).

Certos casos tratados como *dispensa* são *hipóteses de inexigibilidade*, diante da falta de oferta de bens ou da ausência de pluralidade de ofertantes, como a hipótese prevista no art. 24, X, da Lei n. 8.666/1993, que "dispensa" a licitação na compra ou na locação de imóvel destinado ao atendimento das finalidades precípuas da Administração cujas necessidades de instalação e localização condicionem sua escolha, desde que o preço seja compatível com o valor de mercado, segundo avaliação prévia.

A contratação direta, neste caso, requer a comprovação: (a) da necessidade do imóvel pela Administração; (b) da adequação desse imóvel à satisfação do interesse público; e (c) do valor do aluguel compatível com o cobrado pelo mercado.

LICITAÇÃO INEXIGÍVEL

Os casos de inexigibilidade previstos no art. 25 da Lei n. 8.666/1993 são exemplificativos. Na inexigibilidade há a falta de pressuposto lógico que inviabiliza a competição, o certame. De regra, a inexigibilidade ocorre ou porque o bem ou serviço pretendido é único – não pode ser comparado – ou porque não há pluralidade de ofertantes. O objeto pretendido é singular quando (a) em sentido absoluto só existe uma unidade, um exemplar, ou (b) em razão de evento externo que lhe agrega significação particular excepcional, como a que decorre de um fato histórico relevante.

O serviço é singular ou único em decorrência do estilo ou cunho pessoal de seu autor. O serviço destaca-se pelo cunho pessoal expressado em características científicas, técnicas ou artísticas. Trata-se, na verdade, de um estilo ou orientação pessoal. Interessa, no entanto, "a singularidade relevante, ou seja: cumpre que os fatores singularizadores de um dado serviço apresentem realce para a satisfação da necessidade administrativa e autorizem "a presunção de que o serviço de um é mais indicado do que o serviço de outro".[95]

Para Adilson Abreu Dallari "a contratação de serviços com profissionais ou firmas de notória especialização está sujeita, em princípio,

---

[95] BANDEIRA DE MELLO, Celso Antônio. *Curso de Direito Administrativo*. 29ª Ed. São Paulo: Malheiros Editores, 2012, p. 553.

à licitação, a qual há de ser dispensada apenas nos casos em que apresentem singularidades tais que impossibilitem uma comparação, sendo inadmissível uma desobrigação genérica".[96] Para ele, entretanto, "confiança não se licita, mas não pode ser pretexto para burlar a regra geral da exigibilidade da licitação".[97]

A confiança da Administração Pública no trabalho de qualidade do profissional é o argumento acatado pelos Tribunais para dispensar a realização do procedimento licitatório. Nesse sentido, precedente do Supremo Tribunal Federal:

"Ação penal pública – Contratação emergencial de advogados face ao caos administrativo herdado da Administração Municipal sucedida – Licitação – Art. 37, XXI, da Constituição do Brasil – Dispensa de licitação não configurada – Inexigibilidade de licitação caracterizada pela notória especialização dos profissionais contratados, comprovada nos autos, aliada à confiança da Administração por eles desfrutada – Previsão legal. A hipótese dos autos não é de dispensa de licitação, eis que não caracterizado o requisito da emergência – Caracterização de situação na qual há inviabilidade de competição e, logo, inexigibilidade de licitação. 'Serviços técnicos profissionais especializados' são serviços que a Administração deve contratar sem licitação, *escolhendo o contratado de acordo, em última instância, com o grau de confiança que ela própria, Administração, deposite na especialização desse contratado. Nesses casos, o requisito da confiança da Administração em quem deseje contratar é subjetivo. Daí que a realização de procedimento licitatório para a contratação de tais serviços – procedimento regido, entre outros, pelo princípio do julgamento objetivo – é incompatível com a atribuição de exercício de subjetividade que o direito positivo confere à Administração para a escolha do 'trabalho essencial e indiscutivelmente mais adequado à plena satisfação do objeto do contrato' (cf. o § 1º do art. 25 da Lei n. 8.666/1993). O que a norma extraída do texto legal exige é a notória especialização, associada*

---

[96] DALLARI, Adilson Abreu. *Aspectos Jurídicos da Licitação*. 7ª Ed. São Paulo: Saraiva, 2006, p. 58.

[97] DALLARI, Adilson Abreu. *Aspectos Jurídicos da Licitação*. 7ª Ed. São Paulo: Saraiva, 2006, p. 58.

ao elemento subjetivo confiança. Há, no caso concreto, requisitos suficientes para o seu enquadramento em situação na qual não incide o dever de licitar, ou seja, de inexigibilidade de licitação: os profissionais contratados possuem notória especialização, comprovada nos autos, além de desfrutarem da confiança da Administração – Ação penal que se julga improcedente" (STF, Plenário, AP 348, rel. Min. Eros Grau, j. 15.12.2006, DJU 3.8.2007) (g.n).

A falta de licitantes evidencia-se quando apenas uma pessoa é a fornecedora exclusiva daquele produto ou serviço necessário à Administração.

O tipo penal cuida da necessidade de observar as formalidades e pune, também, aquele que deixa de observar as formalidades pertinentes à dispensa ou inexigibilidade. Com efeito, dispõe a parte final do *caput* do artigo 89 *ou deixar de observar as formalidades pertinentes à dispensa ou à inexigibilidade*. Temos formalidades ou exigências pertinentes à dispensa ou inexigibilidade *relacionadas à validade* da contratação direta e formalidades ou exigências pertinentes à dispensa ou inexigibilidade *relacionadas à eficácia* da contratação direta.

As formalidades pertinentes à dispensa ou a inexigibilidade *relacionada à validade da contratação direta* são aquelas previstas nos incisos I, II e III do artigo 26 da Lei n. 8.666/1993 que pressupõe a instauração de procedimento administrativo instruído com elementos que sirvam para caracterizar na dimensão fática a situação hipoteticamente descrita que justifique a dispensa ou mesmo a inexigibilidade do procedimento licitatório. Assim, a hipótese legal invocada para dispensar ou não exigir a licitação deverá ser demonstrada na intimidade do procedimento por meios probatórios. A par disso a autoridade deverá justificar o preço a ser pago pelos bens ou serviços contratados, preço este que deverá ser compatível com aqueles praticados no mercado, bem como deverá justificar o motivo da escolha do fornecedor ou do executante.

A contratação direta, para produzir efeitos, demanda prévia comunicação à autoridade superior de que houve a contratação direta, com dispensa ou inexigibilidade de licitação. A contratação direta produzirá efeitos, tão somente, depois de ratificada e publicada na imprensa oficial. Cuida-se, nesse caso, de formalidades ou exigências pertinentes à dispensa ou inexigibilidade relacionadas à *eficácia da contratação direta.*

A distinção acima nos parece relevante porque, em nossa opinião, apenas a inobservância das formalidades pertinentes à dispensa ou inexigibilidade relacionadas à validade da contratação direta é que configuram o crime previsto na parte final do *caput* do artigo 89 e não a inobservância das formalidades pertinentes à eficácia da validade da contratação direta, porquanto as primeiras acarretam a ilegalidade da contratação direta, enquanto as segundas, tão somente, acarretam a ineficácia da contratação direta, mas não sua invalidação.

Ainda segundo o parágrafo único a mesma pena incorre àquele que, tendo comprovadamente concorrido para a consumação da ilegalidade, beneficiou-se da dispensa ou inexigibilidade ilegal, para celebrar contrato com o Poder Público. O tipo penal incrimina aquele que tendo concorrido para a consumação da ilegalidade, beneficiou-se da dispensa ou inexigibilidade ilegal para celebrar contrato com o Poder Público. O concurso, nesse caso, dar-se-ia pela coautoria, isto é, "a realização conjunta, por mais de uma pessoa, de uma mesma infração penal" [98], ou a atuação consciente de contribuir na realização comum da infração penal,[99] ou, então pela intervenção, definida como intervenção em um fato alheio, mediante as figuras da instigação, do induzimento e da cumplicidade. Na instigação, o instigador anima, estimula, reforça a ideia existente, limita-se a provocar a resolução criminosa do autor, mas não participa da execução, no induzimento ele suscita a ideia, toma a iniciativa intelectual e desperta no autor uma ideia até então inexistente, enquanto na cumplicidade ele exterioriza sua participação prestando auxílio, realizando um comportamento.[100]

---

[98] BITENCOURT, Cezar Roberto. *Direito Penal das Licitações*. São Paulo: Saraiva, 2012, p. 213.

[99] BITENCOURT, Cezar Roberto. *Direito Penal das Licitações*. São Paulo: Saraiva, 2012, p. 213.

[100] BITENCOURT, Cezar Roberto. *Direito Penal das Licitações*. São Paulo: Saraiva, 2012, p. 213.

OBJETIVIDADE JURÍDICA

Destaca-se, em tópico próprio, a objetividade jurídica, pois esta, conforme relato doutrinário, "tipifica somente condutas que tenham certa *relevância social*".[101]

O tipo penal ora descrito procura assegurar a excepcionalidade em nosso ordenamento jurídico das hipóteses de inexigibilidade ou dispensa da licitação de modo a preservar a moralidade administrativa, a regularidade dos procedimentos licitatórios e o patrimônio público, considerando que o contrato administrativo celebrado em decorrência de um procedimento administrativo equivocado de dispensa ou inexigibilidade de licitação gera um gasto ilegal pela Administração Pública,[102] além de atentar contra o princípio da igualdade.

ELEMENTO SUBJETIVO

A ação deve ser dolosa. Assim estaria afastado o dolo do agente nos casos em que ele decide dispensar ou não exigir licitação com apoio em parecer da procuradoria jurídica por faltar-lhe, no caso, o elemento subjetivo necessário à tipicidade subjetiva, de modo que a demonstração posterior de que se trata de situação que requer licitação não teria o condão de transformar em ilícita a sua atuação, pois, conforme trecho do acórdão da lavra do Ministro Teori Zavascki não é razoável que se reconheça ou presuma esse vício justamente na conduta de ter agido segundo aquelas manifestações, ou de não ter promovido a revisão de atos praticados como nelas recomendado, ainda mais se não há dúvida quanto à lisura dos pareceres ou à idoneidade de quem os prolatou.[103]

---

[101] BITENCOURT, Cezar Roberto. *Direito Penal das Licitações*. São Paulo: Saraiva, 2012, p. 17.

[102] FREITAS, André Guilherme Tavares. *Crime na Lei de Licitações*. 3ª Ed. Rio de Janeiro: Impetus, 2013, p. 41.

[103] REsp 827.445/SP, rel. Min. Luiz Fux, rel. para acórdão Min. Teori Albino Zavascki, 1ª T.J em 2-2-2010, *In:* BITENCOURT, Cezar Roberto. *Direito Penal das Licitações*. São Paulo: Saraiva, 2012.

Além disso, a jurisprudência do Superior Tribunal de Justiça exige para fins de caracterização do delito a presença do elemento subjetivo intencional de causar danos ao erário, *in verbis*:

> Consoante fixado na Apn 480/MG exige-se, para fins de caracterizar o delito tipificado no art. 89 da Lei n. 8.666/1993, a presença do dolo específico de causar dano ao erário e a indicação do efetivo prejuízo decorrente. HC 206559 / MG HABEAS CORPUS 2011/0107098-8, Relator Ministro Nefi Cordeiro.

> Ao interpretar o artigo 89 da Lei n. 8.666/1993, esta Corte Superior de Justiça consolidou o entendimento de que no sentido de que para a configuração do crime de dispensa ou inexigibilidade de licitação fora das hipóteses previstas em lei é indispensável a comprovação do dolo específico do agente em causar dano ao erário, bem como do prejuízo à Administração Pública.
>
> No caso dos autos, o órgão ministerial consignou apenas que o recorrente, na qualidade de Prefeito, com a vontade livre e consciente e a intenção de praticar o ato de ilegalidade, teria dispensado licitação sem observar os requisitos legais, a fim de contratar diretamente determinada empresa para que realizasse procedimento licitatório com a finalidade de escolher a instituição financeira mais adequada para prestar serviços financeiros e bancários ao Município, deixando de descrever o efetivo prejuízo ao erário decorrente de sua conduta.
>
> Não havendo peça vestibular qualquer menção à ocorrência de danos aos cofres públicos em razão da dispensa ilegal de licitação imputada ao recorrente, constata-se a inaptidão da exordial contra ele ofertada. Precedentes.
>
> Recurso provido para declarar a inépcia da denúncia ofertada contra o recorrente nos autos da Ação Penal n.0000516-22.2011.8.19.0069. RHC 57222/RJ RECURSO ORDINARIO EM HABEAS CORPUS 2015/0048383-4 Ministro LEOPOLDO DE ARRUDA RAPOSO (DESEMBARGADOR CONVOCADO DO TJ/PE).

De notar, ainda, que o Superior Tribunal de Justiça, acompanhando o entendimento do Supremo Tribunal Federal manifestado no julgamento do Inquérito n. 2.482/MG, em 15/09/2011, tem firme o posicionamento de que a consumação do crime previsto no art. 89 da Lei n. 8.666/1993 exige a demonstração do dolo específico do agente de causar dano ao erário e a efetiva ocorrência de prejuízo aos cofres públicos.[104]

SUJEITOS DO CRIME

A dispensa ou a inexigibilidade de licitação somente pode ser deferida por autoridade, logo o sujeito ativo do crime somente pode ser o agente público investido de poder de deliberação acerca da exigência ou da dispensa ou inexigibilidade da licitação. Cuida-se, assim, de crime que exige uma qualidade especial do sujeito ativo, isto é, a de ser agente público no exercício de sua função pública e com atribuição para a prática de decisões no procedimento licitatório, o que, por certo, restringe a possibilidade de haver a figura do concurso de agentes sob a forma de coautoria ou participação.

O crime próprio não impede a participação ou mesmo a coautoria de quem não reúna a qualidade ou condição exigida pelo tipo penal, embora, no caso, pareça-nos ser o caso não de crime próprio, mas crime de mão própria, pois apenas o servidor público investido de competência para dispensar ou declarar inexigível a licitação pode cometer o crime. Nesse caso, o terceiro, o *extraneus*, que não reúna a qualidade de agente público não pode ser autor ou coautor de infração penal dessa natureza e a atuação do terceiro *extraneus* nessa prática delituosa será aceita somente na condição de partícipe e especificamente no crime descrito no art. 89 com a limitação constante do parágrafo único.[105]

---

[104] Incidência da Súmula 83 deste Tribunal. AgRg no REsp 1430842 / PB AGRAVO REGIMENTAL NO RECURSO ESPECIAL 2014/0017204-0. Ministro GURGEL DE FARIA.

[105] BITENCOURT, Cezar Roberto. *Direito Penal das Licitações*. São Paulo: Saraiva, 2012, p.135.

O parecerista de órgão público não poderá ser considerado autor do referido ilícito se, por exemplo, firmou parecer favorável à dispensa ou à inexigibilidade de licitação, conforme orientação do Superior Tribunal de Justiça e da doutrina. Com efeito, segundo a lição de Cézar Roberto Bitencourt "as condutas descritas no art. 89 como crime de mão própria, só podem ser praticados pelo servidor público (competente) que decidir pela dispensa ou inexigibilidade da licitação, e não pelo procurador ou assessor jurídico, cuja atribuição é emitir parecer juridicamente fundamentado".[106]

CONSUMAÇÃO

A consumação do crime na hipótese de dispensa ou na hipótese de inexigibilidade consuma-se com a edição da decisão e respectivo ato administrativo que dispensa a Administração Pública da obrigatoriedade de licitar e a autoriza contratar diretamente.

Na hipótese de inobservância das formalidades dos procedimentos consuma-se o crime no momento da preterição ou da inobservância das formalidades exigidas pela lei.

No caso do tipo descrito no parágrafo único a consumação ocorre com o efetivo benefício, ou seja, quando da assinatura do contrato ou da conclusão do ajuste.

TENTATIVA

Admite-se, em tese, a tentativa, embora ela seja difícil de configurar.

PENA

Foram previstas para o tipo penal as penas de detenção de 3 (três) a 5 (cinco) anos e multa aplicadas cumulativamente.

[106] BITENCOURT, Cezar Roberto. *Direito Penal das Licitações*. São Paulo: Saraiva, 2012, p.139.

Capítulo IV

FRUSTRAR OU FRAUDAR MEDIANTE AJUSTE O CARÁTER COMPETITIVO DO PROCEDIMENTO LICITATÓRIO

Sumário: Considerações gerais. Objetividade Jurídica. Condutas puníveis. Elemento subjetivo. Sujeitos do crime. Consumação. Pena.

CONSIDERAÇÕES GERAIS

Art. 90. Frustrar ou fraudar, mediante ajuste, combinação ou qualquer outro expediente, o caráter competitivo do procedimento licitatório, com o intuito de obter, para si ou para outrem, vantagem decorrente da adjudicação do objeto da licitação:

Pena – detenção, de 2 (dois) a 4 (quatro) anos, e multa.

Na licitação o princípio da igualdade exige tratamento isonômico a todos os que resolverem participar da licitação e o princípio da impessoalidade proíbe tratamento discriminatório entre os licitantes, embora comporte o estabelecimento de requisitos mínimos de participação, desde que estejam justificados lógica e juridicamente, conforme determina o art. 3º, §1º, da Lei n. 8.666/1993.

Em reforço a essa regra, o legislador nacional determinou no artigo 90 da Lei n. 8.666/1993 que frustrar ou fraudar, mediante ajuste, combinação ou qualquer outro expediente, o caráter competitivo do procedimento licitatório, com o intuito de obter, para si ou para outrem, vantagem decorrente da adjudicação do objeto da licitação, sujeita o agente a pena de detenção, de 2 (dois) a 4 (quatro) anos, e multa.

OBJETIVIDADE JURÍDICA

Tutela-se, no caso, o caráter competitivo do procedimento licitatório, que, por expressa disposição constitucional, deve ser amplo de modo a permitir a participação no certame licitatório daquele que satisfaça os requisitos legais. Lembro que o artigo 37, inciso XXI, da Constituição Federal determina que "as obras, serviços, compras e alienações serão contratados mediante processo de licitação pública que assegure *igualdade de condições* a todos os concorrentes (...)".

Com efeito, já decidiu o Supremo Tribunal Federal:

> A licitação é um procedimento que visa à satisfação do interesse público, pautando-se pelo princípio da isonomia. Está voltada a um duplo objetivo: o de proporcionar à administração a possibilidade de realizar o negócio mais vantajoso – o melhor negócio – e o de assegurar aos administrados a oportunidade de concorrerem, em igualdade de condições, à contratação pretendida pela administração. (...) Procedimento que visa à satisfação do interesse público, pautando-se pelo princípio da isonomia, a função da licitação é a de viabilizar, através da mais ampla disputa, envolvendo o maior número possível de agentes econômicos capacitados, a satisfação do interesse público. A competição visada pela licitação, a instrumentar a seleção da proposta mais vantajosa para a administração, impõe-se seja desenrolada de modo que reste assegurada a igualdade (isonomia) de todos quantos pretendam acesso às contratações da administração. A conversão automática de permissões municipais em permissões intermunicipais afronta a igualdade – art. 5º –, bem assim o preceito veiculado pelo art. 175 da CB (...). Afronta ao princípio da isonomia, igualdade entre todos quantos pretendam acesso às contratações da

> administração. A lei pode, sem violação do princípio da igualdade, distinguir situações, a fim de conferir a um tratamento diverso do que atribui a outra. Para que possa fazê-lo, contudo, sem que tal violação se manifeste, é necessário que a discriminação guarde compatibilidade com o conteúdo do princípio. A CB exclui quaisquer exigências de qualificação técnica e econômica que não sejam indispensáveis à garantia do cumprimento das obrigações. A discriminação, no julgamento da concorrência, que exceda essa limitação é inadmissível." (ADI 2.716, Rel. Min. Eros Grau, julgamento em 29-11-2007, Plenário, DJE de 7-3-2008.) No mesmo sentido: RE 607.126-AgR , Rel. Min. Carmen Lúcia, julgamento em 2-12-2010, Primeira Turma, DJE de 1º-2-2011.

Tutela-se, no caso, a impessoalidade, a moralidade e a igualdade do procedimento, motivo pelo qual optou o legislador por criminalizar o comportamento daquele que, por qualquer meio de ajuste, combinação, ou qualquer outro expediente, frustre ou fraude o caráter competitivo do procedimento licitatório.

CONDUTAS PUNÍVEIS

São duas as condutas que podem ser punidas: frustrar e fraudar o caráter competitivo.

Frustrar equivale a enganar, tornar inútil a competitividade da licitação, como, por exemplo, na hipótese em que o servidor, ajustado com um provável licitante, insere exigência que apenas poucos podem satisfazer. É conduta considerada comissiva.[107] Para Cezar Roberto Bitencourt "frustrar significa privar, iludir, inviabilizar a realização do procedimento licitatório, mediante ajuste, combinação ou qualquer outro expediente" ou "tornar inútil, fazer falhar, baldar, tornar sem efeito" "tanto a realização do procedimento licitatório, como também o seu caráter competitivo".[108]

---

[107] GASPARINI, Diógenes. *Crimes na Licitação.* 3ª Ed. São Paulo: Editora NDJ, 2004, p. 101.

[108] BITENCOURT, Cezar Roberto. *Direito Penal das Licitações.* São Paulo: Saraiva, 2012, p. 189.

Fraudar significa burlar, iludir o caráter competitivo, como, por exemplo, publicar em veículo inadequado para atingir eventuais interessados a mudança de endereço para fins de entrega dos envelopes de habilitação e proposta.[109] A fraude " é a utilização de artifício, de estratagema, de engodo ou ardil para vencer a vigilância da vítima ou responsável pela vigilância".[110]

A frustração ou a fraude ao princípio da competividade devem ocorrer mediante ajuste ou combinação, isto é, prévio acordo ou ajuste entre as partes, ou, então, por qualquer outro expediente, como, na lição de Paulo José da Costa, a divulgação de falsa notícia de que o certame fora eliminado ou adiado.[111]

O legislador estabeleceu dois modos pelos quais a conduta de fraudar ou frustrar o caráter competitivo do procedimento licitatório pode ser realizada mediante ajuste, combinação ou qualquer outro expediente, que deve ter características que o identifiquem como meio fraudulento.[112]

Partilho do entendimento de que ajuste e combinação são sinônimos e entre eles não haveria conteúdos distintos, embora um ou outro doutrinador procure demonstrar a existência de conteúdos distintos, como Paulo José da Costa Jr., para quem *ajuste* é o concerto, o ajustamento e *combinação* é o acordo, o contrato.[113]

A ação reputada típica e antijurídica para alguns, como Diógenes Gasparini, produz resultado e, portanto, sua existência demandaria a frustração ou a fraude efetiva da competividade da licitação, reduzindo

---

[109] GASPARINI, Diógenes. *Crimes na Licitação*. 3ª Ed. São Paulo: Editora NDJ, 2004, p. 102.

[110] BITENCOURT, Cezar Roberto. *Direito Penal das Licitações*. São Paulo: Saraiva, 2012, p. 189.

[111] COSTA Jr., Paulo José da. *Direito penal das licitações*. 2ª Ed. São Paulo: Saraiva, 2004, p. 21.

[112] COSTA Jr., Paulo José da. *Direito penal das licitações*. 2ª Ed. São Paulo: Saraiva, 2004, p. 193.

[113] COSTA Jr., Paulo José da. *Direito penal das licitações*. 2ª Ed. São Paulo: Saraiva, 2004, p. 193.

o número de possíveis competidores. No mesmo sentido a opinião de Cezar Roberto Bitencourt para que, "o crime do art. 90 somente se consuma com a efetiva frustração ou fraude do referido procedimento", "sendo insuficiente a simples ação visando frustrá-lo ou fraudá-lo".[114]

Penso, no entanto, que o resultado exigido é diverso, pois o tipo requer o "intuito de obter vantagem decorrente da adjudicação do objeto da licitação". Assim, o crime consuma-se quando a fraude ou a frustração reduz o universo de licitantes e possibilita ao agente ou um terceiro beneficiário da ação obter vantagem econômica decorrente da adjudicação do objeto da licitação.

No entanto, não é preciso que a Administração tenha experimentado prejuízo com a ação, como a aquisição de bens ou serviços por preço superior àquele que seria devido. Com efeito, para o Superior Tribunal de Justiça o dano ao erário não é elementar do tipo penal do art. 90, da Lei n. 8.666/1993, *verbis*: "irrelevante a constatação de que a ambulância foi adquirida por preço abaixo do praticado no mercado, uma vez que o bem jurídico penalmente tutelado no mencionado tipo penal é a preservação do caráter competitivo do certame licitatório, o que não se observou". (RHC 57115/CE | RECURSO ORDINARIO EM HABEAS CORPUS 2015/0042858-8 | Ministro FELIX FISCHER).

ELEMENTO SUBJETIVO

O crime descrito é doloso. Sua configuração reclama ação livre e consciente de promover o ajuste, o acordo, ou valer-se de outro expediente, tudo com o propósito de frustrar ou fraudar a competividade da licitação ao que se acresce o elemento normativo do tipo, também considerado dolo específico, qual seja o de obter, com a fraude ou com a frustração da competividade, vantagem com a adjudicação do objeto da licitação.[115]

---

[114] BITENCOURT, Cezar Roberto. *Direito Penal das Licitações*. São Paulo: Saraiva, 2012, p. 208.

[115] GASPARINI, Diógenes. *Crimes na Licitação*. 3ª Ed. São Paulo: Editora NDJ, 2004, p. 105.

Nesse sentido o entendimento do Superior Tribunal de Justiça:

I. A ausência do dolo específico, consistente no especial fim de "obter, para si ou para outrem, vantagem decorrente da adjudicação do objeto da licitação", enseja, *in casu*, a absolvição pela prática do art. 90 da Lei n. 8.666/1993 em algumas das condutas praticadas em continuidade delitiva. (AgRg no AREsp 185188/SP| AGRAVO REGIMENTAL NO AGRAVO EM RECURSO ESPECIAL 2012/0111446-9.|Ministro FELIX FISCHER).

SUJEITOS DO CRIME

O sujeito ativo do crime, isto é, aquele que frustrar ou fraudar a licitação mediante acordo ou outro expediente será o licitante e o servidor público que integrar a comissão ou presidir o leilão. A vítima será a entidade obrigada a licitar.

Não é a opinião do Superior Tribunal de Justiça, pois aquele tribunal superior sufragou entendimento no sentido de que o tipo penal previsto no artigo 90 da Lei n. 8.666/1993 (Estatuto das Licitações) pode ser praticado por qualquer pessoa, não sendo a condição de agente público elementar do tipo, de modo que não há *bis in idem* na aplicação da agravante prevista no artigo 61, inciso II, alínea "g", do Código Penal. (AgRg no AREsp 4047/RS AGRAVO REGIMENTAL NO AGRAVO EM RECURSO ESPECIAL 2011/0066643-9|relatora Ministra MARIA THEREZA DE ASSIS MOURA).

CONSUMAÇÃO

O crime consuma-se para alguns com a fraude ou com a frustração e para mim com a adjudicação do contrato ao agente ou ao beneficiário. A adjudicação é o ato pelo qual a Administração, promotora do certame, pela autoridade competente, atribui ao vencedor o objeto da licitação, assegura-lhe o direito, salvo as exceções legais, de celebrar o contrato em vista do qual se realizou.[116] É vista como ato

[116] BANDEIRA DE MELLO, Celso Antônio. *Curso de Direito Administrativo*. 29ª Ed. São Paulo: Malheiros Editores, 2012, p. 618.

final do procedimento licitatório, pelo qual a Administração Pública declara a entrega, do objeto da licitação, ao vencedor. Diógenes Gasparini enumera os seguintes efeitos à adjudicação: (a) aquisição, pelo vencedor do certame, do direito de contratar com a pessoa licitante, se houver contratação; (b) impedimento de a pessoa licitante contratar o objeto licitado com terceiro; (c) liberação dos demais proponentes de todos os encargos da licitação, com a devolução dos valores dados em garantia e dos documentos apresentados, mantidas as respectivas cópias no processo licitatório; (d) vedação de a Administração Pública licitante promover nova licitação enquanto em vigor a adjudicação; (e) responsabilidade do vencedor, como se fosse inadimplente contratual, caso não assine o contrato no prazo marcado pela entidade licitante; (f) vinculação do adjudicatário aos encargos, termos e condições fixados no edital ou carta-convite e aos estabelecidos em sua proposta.[117]

A licitação deserta, isto é, aquela a quem não acodem licitantes, nem sempre representará licitação fraudada ou frustrada para o fim de provocar os efeitos penais, pois pode ser que a inexistência de licitantes decorra, tão somente, do desinteresse deles em participar do procedimento licitatório. É nesse sentido que a licitação, como dito acima, pode ser configurada como deserta, isto é, à qual não acodem licitantes, conforme dispõe o art. 24, V, da Lei n. 8.666/1933.

PENA

As penas para o crime, independente de sua modalidade, são a de detenção de 2 (dois) a 4 (quatro) anos e multa, aplicáveis cumulativamente.

---

[117] GASPARINI, Diógenes. *Direito Administrativo*. 13ª Ed. São Paulo: Saraiva, 2008, p. 625.

Capítulo V

PATROCÍNIO DE INTERESSE PRIVADO

Sumário: Considerações gerais. Bem jurídico tutelado. Condutas puníveis. Sujeitos. Consumação. Elemento subjetivo. Pena.

CONSIDERAÇÕES GERAIS

Art. 91. Patrocinar, direta ou indiretamente, interesse privado perante a Administração, dando causa à instauração de licitação ou à celebração de contrato cuja invalidação vier a ser decretada pelo Poder Judiciário:

Pena – detenção de 6 (seis) meses a 2 (dois) anos e multa.

Censura o artigo 91 da Lei n. 8.666/1993 o patrocínio, direto ou indireto, de interesse privado perante a Administração, com vistas à instauração de licitação ou à celebração de contrato, cuja invalidação vier a ser decretada pelo Poder Judiciário.

O dispositivo acima cuida, em síntese, de uma forma especial do crime de advocacia administrativa previsto, expressamente, no artigo 321 do Código Penal, assim descrito: "Patrocinar, direta ou indiretamente, interesse privado perante a administração pública, valendo-se da qualidade de funcionário".

A Lei n. 8.137/90, que cuida dos crimes contra a ordem tributária, econômica e contra as relações de consumo, em seu artigo 3º, inciso III, veda, também, o patrocínio de interesse privado ante a administração fazendária.

Teríamos, assim, com isso, no ordenamento jurídico, três modalidades de advocacia administrativa, uma geral e duas especiais, todas elas com sanções absolutamente distintas, inobstante versem sobre o mesmo bem jurídico tutelado.[118]

BEM JURÍDICO TUTELADO

O tipo penal incriminador busca, em última análise, proteger a Administração Pública e, especialmente, sua moralidade e probidade administrativa, ao sancionar a conduta irregular de seus servidores que, em razão do cargo, buscam atender a interesses alheios ao Estado, lícitos ou ilícitos.

Segundo a lição de Cezar Roberto Bitencourt, "o bem jurídico tutelado neste art. 91 é a garantia da respeitabilidade, probidade, integridade e moralidade das contratações públicas, que são ofendidas com a conduta descrita neste artigo. O dispositivo ora examinado visa, acima de tudo, proteger a lisura, transparência e igualdade de tratamento na contratação pública, impedindo a interferência de interesses estranhos – mesmo patrocinados por outros funcionários públicos – na retidão do processo licitatório, que, certamente, comprometeria a isonomia concorrencial".[119]

A ação vedada consiste em patrocinar, advogar ou defender, proteger, direta ou indiretamente, interesse de particular perante a Administração Pública, valendo-se da qualidade de funcionário, isto é, aproveitando-se da facilidade de acesso junto a seus colegas, para, no caso,

---

[118] BITENCOURT, Cezar Roberto. *Direito Penal das Licitações*. São Paulo: Saraiva, 2012, p. 214.

[119] BITENCOURT, Cezar Roberto. *Direito Penal das Licitações*. São Paulo: Saraiva, 2012, p. 212.

provocar a deflagração de licitação ou à celebração do contrato, cuja invalidação, no entanto, venha a ser decretada pelo Poder Judiciário.

Na lição de André Guilherme Tavares de Freitas a advocacia administrativa prevista no art. 91 não se refere apenas à satisfação de um interesse licitatório, pois o referido artigo menciona, além de dar causa à instauração de licitação, dar causa à celebração do contrato, hipótese que pode ocorrer, em determinadas situações, sem prévio procedimento licitatório, nos casos de contratação direta como dispensa ou inexigibilidade de licitação.[120]

CONDUTAS PUNÍVEIS

A ação incriminada consiste em patrocinar, direta ou indiretamente, interesse privado perante a Administração Pública. Patrocinar, como dito, é defender, pleitear, advogar, proteger, auxiliar ou amparar o interesse privado, que pode ser definido como a finalidade, meta, vantagem ou objetivo a ser alcançado pelo particular perante a Administração Pública, contraposto ao interesse público, legítimo ou legal. Segundo Diógenes Gasparini "patrocinar significa advogar, defender, proteger. É crime que exige uma ação. É infração comissiva".[121]

Para Cezar Roberto Bitencourt "a locução 'interesse privado' pode compreender o 'simples interesse' que se esgota no plano administrativo ou, também, a "um direito', o qual, insatisfeito na esfera administrativa, pode ser postulado no plano judicial".[122] O núcleo do verbo do tipo é "patrocinar" ou defender interesse, advogar, pleitear benefício, comportamento que deve se referir a interesse privado, que, para alguns, deve ser ilegítimo por haver necessidade de futura invalidação

---

[120] FREITAS, André Guilherme Tavares. *Crime na Lei de Licitações*. 3ª Ed. Rio de Janeiro: Impetus, 2013, p. 97.

[121] FREITAS, André Guilherme Tavares. *Crime na Lei de Licitações*. 3ª Ed. Rio de Janeiro: Impetus, 2013, p.108.

[122] BITENCOURT, Cezar Roberto. *Direito Penal das Licitações*. São Paulo: Saraiva, 2012, p, 216.

pelo Poder Judiciário. Em síntese, a invalidação do procedimento licitatório ou do contrato indicaria a ilegitimidade do interesse patrocinado pelo servidor público, que, nos termos do parágrafo único do artigo 321 do CP, caracterizaria a forma qualificada da infração penal com a consequente majoração da sanção penal correspondente. Nesse sentido orientação do Superior Tribunal de Justiça para quem "carece de justa causa à ação penal quando se imputa a prática do crime do art. 91 da Lei n. 8.666/1993, que depende da invalidação da contratação, uma vez coarctada, *ab ovo*, a concretização da licitação." (HC 114717 / MG HABEAS CORPUS 2008/0194123-9, relatora Maria Theresa Assis de Moura).

Nesse sentido a lição de Diógenes Gasparini para quem "o interesse do advogado deve ser privado e ilegal e estar voltado à instauração de licitação ou à celebração do contrato. Privado é o interesse do particular, pessoa física ou jurídica. Ademais, dito interesse privado há de ser ilegal já que a licitação ou contrato hão de ser invalidados pelo Poder Judiciário".[123]

Explica-nos o citado autor que "o crime só se configura se a invalidação for decretada por esse Poder, não sendo suficiente para esse fim a *anulação* administrativa da licitação instaurada ou do contrato celebrado".[124] André Guilherme Tavares de Freitas, no entanto, não concorda com este ponto de vista, pois, para ele, a menção no tipo penal em estudo da necessidade de decretação de invalidade pelo Poder Judiciário não foi aí colocada para se exigir que o interesse privado patrocinado seja ilegítimo e sim com a finalidade de estabelecer condição objetiva de punibilidade.[125]

O patrocínio pode ser direto, quando o servidor público atua sem recorrer à interposta pessoa ou então indireto, quando o servidor utiliza terceiros, de modo formal e explícito ou de modo dissimulado.

---

[123] GASPARINI, Diógenes. *Crimes na Licitação.* 3ª Ed. São Paulo: Editora NDJ, 2004, p. 109.

[124] GASPARINI, Diógenes. *Crimes na Licitação.* 3ª Ed. São Paulo: Editora NDJ, 2004, p. 109.

[125] FREITAS, André Guilherme Tavares. *Crime na Lei de Licitações.* 3ª Ed. Rio de Janeiro: Impetus, 2013, p. 99.

Para André Guilherme Tavares de Freitas, "traz o tipo penal o crime de advocacia administrativa em procedimentos licitatórios ou em contratações do Poder Público que está em conflito aparente com o crime de igual nomenclatura previsto no art. 321 do Código Penal, confronto este solucionado pelo princípio da especialidade, pois o art. 321 definiu um crime genérico e o artigo 91 da Lei n. 8.666/1993 um crime específico, tendo em vista que nesse último temos o acréscimo das elementares "dando causa à instauração de licitação ou à celebração de contrato".[126]

Entretanto, diferentemente do tipo penal descrito no Código Penal, o tipo descrito na lei de licitações exige, para caracterizar-se, que o interesse privado defendido pelo servidor público seja voltado à instauração de licitação ou à celebração de contrato, posteriormente considerada ilegal por deliberação do Poder Judiciário que a invalidou. Conforme lição de Diógenes Gasparini "o crime só se configura se a invalidação for decretada pelo Poder Judiciário, não sendo suficiente para esse fim a anulação administrativa da licitação instaurada ou do contrato celebrado".[127] Desta forma, sem a prévia invalidação da licitação ou do contrato pelo Poder Judiciário o servidor público não pode ser acusado de ter patrocinado interesse privado perante a Administração Pública, pois se entende, pelo critério da especificidade, que, no que se refere à licitação e ao contrato administrativo, aplica-se, tão somente, o artigo 91 e não mais o artigo 321 do Código Penal.

Nesse sentido, cabe a orientação do Superior Tribunal de Justiça retratada no *Habeas Corpus* 114.717 – MG ao estabelecer que "carece de justa causa a ação penal quando se imputa a prática do crime do art. 91 da Lei n. 8.666/1993, que depende da invalidação da contratação, uma vez concertada, '*ab ovo*' a concretização da licitação".

Não se vislumbra no tipo descrito no art. 91 do Código Penal aquilo que se convencionou denominar de elemento subjetivo especial

---

[126] FREITAS, André Guilherme Tavares. *Crime na Lei de Licitações*. 3ª Ed. Rio de Janeiro: Impetus, 2013, p. 97.

[127] GASPARINI, Diógenes. *Crimes na Licitação*. 3ª Ed. São Paulo: Editora NDJ, 2004, p. 109.

do tipo ou do injusto, não obstante existam opiniões em sentido contrário, como a de Vicente Greco Filho que vislumbra a presença do elemento subjetivo especial de concorrer para a ilegalidade com o fim de celebrar o contrato com o Poder Público, com o que discorda Cezar Roberto Bitencourt para quem é possível interpretar essa elementar como uma espécie *sui generis* de condição objetiva de punibilidade (a despeito de integrar, como elementar, o tipo penal), pois considera que a conduta incriminada somente se consuma com a efetiva contratação do agente com o Poder Público.[128]

SUJEITOS

O sujeito ativo do crime é apenas o servidor público. Cuida-se, no caso, de crime próprio, que só pode ser cometido por quem se encontra investido, regularmente, em cargo ou função pública. Conforme lição doutrinária, o sujeito ativo somente pode ser o funcionário público, tratando-se, por conseguinte, de crime próprio, que exige essa condição especial do agente. É de sua essência ser um crime funcional, de modo que se valer da qualidade de servidor público é desempenhar o serviço público de modo subjetivo, favorecendo um em detrimento do outro, de forma direta ou indireta, isto é por interposta pessoa.[129]

O que a norma proíbe não é o patrocínio de interesses privados perante a Administração Pública, mas que o patrocínio seja feito por quem está investido da qualidade de servidor público. Assim, o particular pode praticar o referido crime apenas quando atue em concurso de pessoas com o agente público que use sua função pública para cometer o crime.[130]

---

[128] BITENCOURT, Cezar Roberto. *Direito Penal das Licitações*. São Paulo: Saraiva, 2012, p. 225.

[129] BITENCOURT, Cezar Roberto. *Direito Penal das Licitações*. São Paulo: Saraiva, 2012, p. 214.

[130] FREITAS, André Guilherme Tavares. *Crime na Lei de Licitações*. 3ª Ed. Rio de Janeiro: Impetus, 2013, p. 99.

O sujeito passivo é a União, Estados, Distrito Federal e Municípios e respectivas autarquias, fundações, empresas públicas e sociedades de economia mista.

CONSUMAÇÃO

O crime se consuma com a invalidação do procedimento licitatório ou do contrato patrocinado pelo servidor.

Diógenes Gasparini pensa diferente, pois, para ele, "o crime consuma-se com a instauração do certame licitatório ou com a celebração do contrato" "e a decretação judicial de invalidade deve ser havida, tão somente, como condição de punibilidade".[131] No mesmo sentido, André Guilherme Tavares de Freitas, para quem o tipo penal descreve um resultado natural identificado pela expressão "instauração de licitação ou à celebração do contrato" e exige sua ocorrência para termos o crime como consumado.[132]

Para Cezar Roberto Bitencourt consuma-se o crime de *advocacia administrativa* com a realização do primeiro ato que caracterize o patrocínio, com a prática de um ato inequívoco de patrocinar interesse privado perante a Administração, sendo indispensável o sucesso do patrocínio, ou seja, dar causa à instauração de licitação ou a celebração do contrato, cuja invalidação venha a ser decretada pelo Poder Judiciário.[133]

A tentativa, embora possível, não será punida, pois, se o crime foi tentado é porque não houve a instauração de licitação ou a celebração do contrato e, com isso, não haveria ato a ser invalidado, condição objetiva de punibilidade.[134]

---

[131] GASPARINI, Diógenes. *Crimes na Licitação*. 3ª Ed. São Paulo: Editora NDJ, 2004, p. 110.

[132] FREITAS, André Guilherme Tavares. *Crime na Lei de Licitações*. 3ª Ed. Rio de Janeiro: Impetus, 2013, p. 104.

[133] BITENCOURT, Cezar Roberto. *Direito Penal das Licitações*. São Paulo: Saraiva, 2012, p. 226.

[134] FREITAS, André Guilherme Tavares. *Crime na Lei de Licitações*. 3ª Ed. Rio de Janeiro: Impetus, 2013, p.104.

ELEMENTO SUBJETIVO

Cuida-se de crime doloso, que deve ser cometido com a vontade livre e consciente de o agente patrocinar interesse privado perante a Administração Pública. O servidor público deverá ter prévia ciência da ilegalidade da licitação ou do contrato que quer ver realizado.[135]

PENA

A lei n. 8.666/1993 estabeleceu a pena de detenção de 6 (seis) meses a 2 (dois) anos passível de ser acumulada com a pena de multa, que pode variar entre 2% (dois por cento) a 5% (cinco por cento) do valor do contrato celebrado.

---

[135] GASPARINI, Diógenes. *Crimes na Licitação*. 3ª Ed. São Paulo: Editora NDJ, 2004, p. 111.

CAPÍTULO VI

ADMITIR OU POSSIBILITAR VANTAGENS

Sumário: Condutas puníveis. Objetividade jurídica. Sujeitos do crime. Elemento Subjetivo. Consumação. Tentativa. Pena.

CONDUTAS PUNÍVEIS

Art. 92. Admitir, possibilitar ou dar causa a qualquer modificação ou vantagem, inclusive prorrogação contratual, em favor do adjudicatário, durante a execução dos contratos celebrados com o Poder Público, sem autorização em lei, no ato convocatório da licitação ou nos respectivos instrumentos contratuais, ou, ainda, pagar fatura com preterição da ordem cronológica de sua exigibilidade, observado o disposto no art. 121 desta Lei: (Redação dada pela Lei n. 8.883, de 1994)

Pena – detenção, de dois a quatro anos, e multa. (Redação dada pela Lei n. 8.883, de 1994)

Criminaliza o artigo 92 da Lei n. 8.666/1993 o comportamento de admitir, possibilitar, dar causa à modificação ou vantagem em favor do adjudicatário durante a execução dos contratos celebrados com o Poder Público, sem autorização legal ou convencional, ou, ainda, pagar empenho com preterição da ordem cronológica de sua exigibilidade.

O prazo de duração dos contratos administrativos disciplinados pela Lei n. 8.666/1993 é, em regra, o da duração do respectivo crédito orçamentário, pois não se aceita licitação ou contratação sem a previsão de recursos orçamentários para o custeio das despesas oriundas do contrato. O crédito orçamentário tem vigência de um ano, pois a lei orçamentária é anual e o exercício financeiro coincide com o ano civil (art. 34 da Lei n. 4.320/1964). Contudo, o próprio art. 57, em diversos incisos, excepciona a esta regra, pois em diversas situações não se amoldariam à duração anual, entre elas: I. Os contratos cujo objeto esteja contemplado no plano plurianual, isto é, plano formulado por período mínimo de três anos e que pode contemplar, por exemplo, contratos de execução instantânea, mas com objeto extremamente complexo, como a construção de uma hidroelétrica; II. A prestação de serviços de execução contínua que admitem prorrogação por iguais e sucessivos períodos até 60 (sessenta) meses, e, excepcionalmente até 72 (setenta e dois) meses (art. 57, II, § 4º, da Lei n. 8.666/1993) sempre que a prorrogação, devidamente justificada por escrito, e não a nova licitação, resultar na obtenção de preços e condições mais vantajosas para a administração. Há a necessidade ainda de que o instrumento convocatório preveja a possibilidade de prorrogação; III. O aluguel de equipamentos e a utilização de programas de informática com a possibilidade de a duração se estender pelo prazo de até 48 (quarenta e oito) meses após o início da vigência do contrato (art. 57, III, da Lei n. 8.666/1993).

Afora estas exceções, há a regra geral (art. 57, § 1º, da Lei n. 8.666/1993) que admite a prorrogação da vigência do contrato administrativo apenas quando: I. Houver alteração do projeto ou especificações pela Administração, que acarrete, a nosso ver, maior trabalho do contratado; II. Superveniência de fato excepcional ou imprevisível, estranho à vontade das partes, que altere fundamentalmente as condições de execução do contrato, como uma guerra; III. Interrupção da execução do contrato ou diminuição do ritmo de trabalho por ordem e no interesse da Administração; IV. Aumento das quantidades inicialmente previstas no contrato, nos limites permitidos, hipótese que, ao nosso ver, já fora contemplada no inciso I; V. Impedimento de execução do contrato por fato ou ato de terceiro reconhecido pela Administração em documento contemporâneo à sua ocorrência; VI. Omissão ou atraso de providências a cargo da Administração, inclusive quanto aos pagamentos previstos de que resulte, diretamente, impedimento ou retardamento na execução do contrato, sem prejuízo das sanções legais aplicáveis aos responsáveis.

O tipo penal é composto de duas incriminações autônomas. A primeira é composta dos verbos que proíbem a alteração ilegal de contrato em benefício do adjudicatário, como admitir, possibilitar ou dar causa a qualquer modificação ou vantagem, e a segunda é o pagamento de fatura em preterição a ordem cronológica de sua exigibilidade.

Três são, na primeira parte, as condutas ou ações incriminadas: admitir, possibilitar ou dar causa a qualquer vantagem em favor do adjudicatário. *Admitir* significa aceitar, permitir, consentir, anuir, com modificação vantajosa para o adjudicatário. *Possibilitar* seria tornar possível, dar condições para que, no caso, ocorra modificação ou vantagem em benefício do contratado, enquanto *dar causa* seria ensejar, propiciar, oportunizar, por qualquer meio ou modo que resulte em vantagem ou modificação do contrato.

Proíbe o legislador que o agente se comporte de modo censurável, a permitir ou a possibilitar a alteração do contrato para dela se beneficiar, fora das hipóteses em que a prorrogação, como vista acima, é permitida.

A outra hipótese está relacionada ainda à situação de pagar fatura com preterição da ordem cronológica de sua exigibilidade. Pagar fatura significa a entrega de uma soma de dinheiro correspondente ao valor da fatura emitida e cobrada em razão do contrato celebrado com a Administração Pública. Significa autorizar o desencaixe de verba para a satisfação de fatura apresentada pelo adjudicatário, em decorrência da realização de obra, da prestação de serviço ou da entrega de bens contratados com a Administração Pública, de acordo com o disposto no art. 64 da Lei n. 4.320, de 17.03.1964.[136]

---

[136] GASPARINI, Diógenes. *Crimes na Licitação.* 3ª Ed. São Paulo: Editora NDJ, 2004, p. 118.

Existe regra que disciplina o pagamento pela Administração Pública. Nos termos do artigo 40, inciso XIV, da Lei n. 8.666/1993, o pagamento deve ocorrer no prazo máximo de 30 (trinta) dias a partir da data final do período de adimplemento de cada parcela, considerada a prestação do serviço, a realização da obra, a entrega do bem ou de parcela destes. O pagamento deve ser feito em moeda corrente nacional, segundo o cronograma de desembolso máximo e em conformidade com as disponibilidades financeiras, observada à ordem cronológica de sua exigibilidade em confronto com outros.

Ocorre, no entanto, que o próprio art. 5º da Lei n. 8.666/1993 autoriza a Administração Pública a não observar a ordem cronológica dos pagamentos se presentes relevantes razões de interesse público e mediante prévia justificativa devidamente publicada. Assim, nem todo o desrespeito à ordem cronológica de pagamentos autoriza a incriminação do administrador público, mas, tão somente, aquela que não foi justificada previamente por relevantes razões de interesse público. Segundo Marçal Justen Filho, não há crime quando a não observância dessa ordem cronológica for justificável, por exemplo, por questões orçamentárias que disponibilizam recursos para o pagamento de certas despesas e não para outras ou, então, prazos diferentes para a liquidação das despesas.[137]

OBJETIVIDADE JURÍDICA

A norma protege ou tutela a impessoalidade, a moralidade administrativa naquilo relacionado à correta execução dos contratos celebrados entre os particulares e a Administração Pública. Evita-se, com isso, o favoritismo, o privilégio. Nesse sentido a lição de Diógenes Gasparini para quem "o que se quer proteger, tutelar, é a moralidade administrativa no particular aspecto da correta execução dos contratos que a Administração Pública celebra com terceiros".[138] Para Cezar Roberto

---

[137] JUSTEN FILHO, Marçal. *Comentários à Lei de Licitações e Contratos Administrativos.* 13ª Ed. São Paulo: Dialética, 2008, p. 636.

[138] GASPARINI, Diógenes. *Crimes na Licitação.* 3ª Ed. São Paulo: Editora NDJ, 2004, p. 118.

Bitencourt o bem jurídico tutelado "especificamente, no art. 92, é assegurar a inalterabilidade dos contratos administrativos, no âmbito licitatório, garantidas a respeitabilidade, a probidade, a moralidade das contratações públicas, que podem ser ofendidas com as condutas descritas".[139]

SUJEITOS DO CRIME

O sujeito ativo desse crime é a autoridade administrativa com competência ou atribuição para admitir, possibilitar ou dar causa a qualquer modificação ou vantagem, inclusive prorrogação contratual, em favor do adjudicatário, durante a execução dos contratos celebrados com o Poder Público, sem autorização em lei, no ato convocatório da licitação ou nos respectivos instrumentos contratuais, ou, ainda, pagar fatura com preterição da ordem cronológica de sua exigibilidade. Cuida-se, portanto, de crime próprio que somente pode ser cometido por servidor público.

Nesse sentido a opinião de Cezar Roberto Bitencourt para quem "trata-se de crimes que exigem uma *qualidade especial* do sujeito ativo, qual seja, a de *funcionário público*, configurando o denominado *crime próprio*". "É indispensável, ademais, que o agente encontre-se no *exercício de sua função pública*, e que tenha *atribuição especial* para a prática do *procedimento licitatório*".[140] Igualmente, a opinião de Diógenes Gasparini para quem "em relação ao *caput* o sujeito ativo do crime é o servidor público que admite, possibilita ou dá causa a modificação ou vantagem ilegais ao contratado durante a execução do ajuste ou que paga fatura ou outro título de crédito com preterição da ordem cronológica de sua exigibilidade. Ninguém mais pode cometer esse crime, salvo em participação".[141]

---

[139] BITENCOURT, Cezar Roberto. *Direito Penal das Licitações*. São Paulo: Saraiva, 2012, p. 231.

[140] BITENCOURT, Cezar Roberto. *Direito Penal das Licitações*. São Paulo: Saraiva, 2012, p. 232.

[141] GASPARINI, Diógenes. *Crimes na Licitação*. 3ª Ed. São Paulo: Editora NDJ, 2004, p. 119.

O procurador jurídico que emite parecer devidamente fundamentado não responde por crime, ainda que o seu parecer não seja acatado nas instâncias competentes.[142]

Incrimina-se, também, o contratado, ou seu representante legal, que, deliberadamente, concorreu para a consumação da ilegalidade e obteve vantagem indevida ou, tão somente, se beneficiou, injustamente, das modificações ou prorrogações contratuais, conforme se verifica da leitura do parágrafo único do referido dispositivo normativo:

Parágrafo único. Incide na mesma pena o contratado que, tendo comprovadamente concorrido para a consumação da ilegalidade, obtém vantagem indevida ou se beneficia, injustamente, das modificações ou prorrogações contratuais.

Exige-se no entanto, para responsabilizar criminalmente o contratado, uma adesão voluntária ao comportamento ilegal da Administração Pública em conceder-lhe uma vantagem qualificada de indevida. Segundo a lição de Paulo José da Costa Jr. "o contratado só responde pelo crime se, além de ter 'comprovadamente concorrido para a consumação da ilegalidade, obtém vantagem indevida ou se beneficia, injustamente, das modificações ou prorrogações contratuais".[143]

ELEMENTO SUBJETIVO

O elemento subjetivo é o dolo descrito pela vontade consciente de praticar quaisquer das condutas descritas de admitir, possibilitar ou dar causa a modificação ou vantagem a favor do adjudicatório durante a execução do contrato, isto é, o servidor público deverá ter consciência que age sem autorização legal. O tipo exige para se aperfeiçoar a ação deliberada de atribuição de vantagem indevida ao licitante ou contratante.

---

[142] BITENCOURT, Cezar Roberto. *Direito Penal das Licitações*. São Paulo: Saraiva, 2012, p. 234.

[143] COSTA Jr., Paulo José da. *Direito penal das licitações*. 2ª Ed. São Paulo: Saraiva, 2004, p. 37/38.

Não obstante, a jurisprudência agregou novas exigências. Para o Superior Tribunal de Justiça a configuração do delito do art. 92 da Lei n. 8.666/1993 depende tanto da demonstração do dolo específico do agente como da ocorrência de prejuízo ao erário:

> 2. Segundo a jurisprudência desta Corte, o crime do artigo 92 da Lei n. 8.666/1992 depende ademais da existência de prejuízo para a Administração, do reconhecimento de dolo direto, não se admitindo apenas a modalidade eventual. O elemento subjetivo, entrementes, especializa-se (figura, em doutrina antiga, denominada como dolo específico), não bastando o dolo genérico. Na espécie, restou demonstrado que o paciente, na qualidade de Prefeito Municipal, agiu com consciência e vontade, mirando na satisfação de pretensões particulares em detrimento do interesse público primário. Ademais, restou consignado que o licitante vencedor do certame recebeu de modo ilegal, em razão de sucessivas e írritas repactuações, mais do que a Administração, originariamente, havia se predisposto a desembolsar. (AgRg no REsp 1360216/SP AGRAVO REGIMENTAL NO RECURSO ESPECIAL 2012/0275210-1, relator Ministro Jorge Mussi. HC 253013/SP HABEAS CORPUS 2012/0184295-1, relatora Ministra MARIA THEREZA DE ASSIS MOURA).

CONSUMAÇÃO

O crime consuma-se no momento da modificação do contrato, isto é, com assinatura do aditamento contratual ou, ainda, com a preterição da ordem cronológica das exigibilidades e o efetivo pagamento. Segundo Vicente Greco Filho no crime de "pagar fatura preterindo a ordem cronológica exigível, somente se consuma com o efetivo pagamento".[144]

Para Diógenes Gasparini em qualquer das situações do *caput* o crime seria abstrato, de perigo, de modo que ele aperfeiçoa-se ainda que

[144] GRECO FILHO, Vicente. *Dos Crimes da Lei de Licitações*. São Paulo: Saraiva, 2007, p. 92.

não ocorra qualquer prejuízo para a Administração Pública, mas no que concerne ao parágrafo único o crime consuma-se com a obtenção de vantagem indevida ou a percepção do benefício injusto com o advento da modificação ou prorrogações ilegais do contrato.[145]

Segundo orientação do Superior Tribunal de Justiça:

> O tipo penal constante do parágrafo único do art. 92 consuma-se quando o adjudicatário obtém indevida vantagem em decorrência de modificações contratuais, inclusive suas prorrogações, sem a observância das formalidades legais.
>
> A eventual devolução de recursos aos cofres públicos pelo particular ou a aprovação das contas da prefeitura pelo Tribunal de Contas da União não elidem a caracterização do crime, notadamente quando comprovado nos autos a efetiva obtenção da vantagem indevida, a evidenciar o preenchimento de todas as elementares do tipo penal. Tais ocorrências consubstanciam atos posteriores à prática do injusto penal culpável. (HC 211081/PR HABEAS CORPUS 2011/0148361-0 Ministra LAURITA VAZ).

TENTATIVA

Admite-se a forma tentada, pois tanto no *caput* como no parágrafo único, o percurso da ação pode ser fracionado. Nesse sentido a opinião de Diógenes Gasparini para quem "a forma tentada desse crime, tanto no caput como no parágrafo único é admissível, pois o *iter criminis* pode ser fracionado. Ressalve-se dessa genérica admissibilidade o caso de conduta omissiva, ou seja, quando o agente, por omissão, possibilita condições necessárias à modificação do contrato[146] ou a obtenção de vantagem. Nesse caso a prática da omissão já exaure a previsão da lei".

---

[145] GASPARINI, Diógenes. *Crimes na Licitação*. 3ª Ed. São Paulo: Editora NDJ, 2004, p. 120.

[146] GASPARINI, Diógenes. *Crimes na Licitação*. 3ª Ed. São Paulo: Editora NDJ, 2004, p. 120.

PENA

As penas cominadas para o delito são as penas de detenção de 2 (dois) a 4 (quatro) anos e multa.

A pena pode ser agravada se o autor dela for ocupante de cargo em comissão ou de função de confiança em órgão da Administração Pública direta ou empresa pública, sociedade de economia mista, conforme determina o artigo 84, § 2º, da Lei de Licitações.

Capítulo VII

IMPEDIR, PERTURBAR OU FRAUDAR LICITAÇÃO

Sumário: Condutas puníveis. Objetividade jurídica. Sujeitos do crime. Consumação. Elemento subjetivo. Pena.

CONDUTAS PUNÍVEIS

Art. 93. Impedir, perturbar ou fraudar a realização de qualquer ato de procedimento licitatório:

Pena – detenção, de 6 (seis) meses a 2 (dois) anos, e multa.

O referido artigo criminaliza as ações de impedir, perturbar ou fraudar qualquer ato do procedimento licitatório, desde que essas modalidades de condutas se mostrarem ilegais e destituídas de qualquer utilidade. Assim, não há crime quando a parte, de forma legítima, procura assegurar pela via judicial ou administrativa as suas legítimas pretensões.

Impedir é obstruir, embaraçar, obstar um evento, no caso, qualquer ato do procedimento licitatório. Perturbar é atrapalhar, tumultuar, criar desordem em qualquer ato do procedimento licitatório, enquanto fraudar é enganar, burlar qualquer ato do procedimento licitatório.

A licitação é uma sucessão ordenada e encadeada de atos destinados a escolher, dentro do universo de licitantes, o que ofereceu proposta mais vantajosa para a Administração, de acordo com os critérios objetivos de julgamento previamente estipulados. A licitação é o resultado da somatória de atos relativamente independentes, mas vinculados por um objetivo comum. A complexidade desses atos pode variar de acordo com a modalidade de licitação escolhida. Serão mais complexos na concorrência, ou pelo valor do contrato, ou pelo objeto licitado; menos complexos na tomada de preços e simplificados no convite.

Os atos que integram a licitação podem ser repartidos, para fins didáticos, em duas etapas, uma denominada interna e a outra externa. Para Diógenes Gasparini a licitação tem, efetivamente, essas duas partes. A interna é destinada a firmar a intenção da entidade licitante e a obter certas informações necessárias à consolidação da licitação. Nessa parte, abre-se o processo de licitação, determina-se seu objeto, estabelecem-se suas condições, estima-se a eventual despesa e decide-se pela modalidade adequada, verifica-se a existência de recursos orçamentários, estima-se o impacto orçamentário-financeiro no exercício em que deva entrar em vigor, bem como nos dois subsequentes, e obtém-se a declaração do ordenador da despesa de que o aumento tem adequação orçamentária e financeira com a lei orçamentária anual e compatibilidade com o plano plurianual e com a lei de diretrizes orçamentárias. Após, obtêm-se a autorização de abertura e a aprovação do instrumento convocatório, ou seja, do edital ou da carta-convite. É preparatória da segunda parte, ou da licitação propriamente dita. Esta se destina a selecionar a melhor proposta à celebração do ato ou contrato desejado pela Administração Pública.[147]

A etapa interna desenvolve-se na intimidade da Administração, sem produzir efeitos jurídicos relevantes externos, para além da Administração Pública, apesar da publicidade.[148] Na etapa interna, também chamada preparatória, a Administração, em seu recesso, pratica todos os atos necessários

---

[147] GASPARINI, Diógenes. *Direito Administrativo*. 13ª Ed. São Paulo: Saraiva, 2008, p. 594.

[148] DI PIETRO, Maria Sylvia Zanella. *Direito Administrativo*. 22ª Ed. São Paulo: Atlas, 2011, p. 387.

à abertura da licitação, antes de convocar os interessados. A lei exige para a instauração de licitação (art. 7º, caput, da Lei n. 8.666/1993) destinada à contratação de obras ou serviços os seguintes requisitos:

(a) Um projeto básico, definido como "conjunto de elementos que define a obra, o serviço ou o complexo de obras e serviços que compõem o empreendimento, de tal modo que suas características básicas e desempenho almejado estejam perfeitamente definidos, possibilitando a estimativa de seu custo e prazo de execução";

(b) Um projeto executivo, definido no art. 6º, X, da Lei n. 8.666/1993 como "o conjunto dos elementos necessários e suficientes à execução completa da obra, de acordo com as normas pertinentes da Associação Brasileira de Normas Técnicas – ABNT";

(c) A previsão de custos, mediante o uso de planilhas orçamentárias de quantitativos e preços unitários, com o fim de registrar parâmetros para a Administração avaliar a compatibilidade das ofertas com os preços no mercado;

(d) A previsão de recursos orçamentários, em decorrência do princípio constitucional do art. 167, I e II, que determina a previsão no orçamento das despesas quando a licitação envolver gasto de recursos públicos.[149]

(e) A compatibilidade com a programação de longo prazo estatuída nos planos plurianuais para viabilizar recursos orçamentários.

No caso de compras, os requisitos são: (a) adequada caracterização do objeto; (b) indicação dos recursos orçamentários para acobertá-las (art. 14 da Lei n. 8.666/1993).

Deliberados esses assuntos prévios, abre-se o processo administrativo, devidamente autuado, protocolado e numerado, com a autorização

---

[149] DI PIETRO, Maria Sylvia Zanella. *Direito Administrativo*. 22ª Ed. São Paulo: Atlas, 2011, p. 139.

e a indicação sucinta de seu objeto e do recurso próprio para a despesa, conforme prevê o art. 38 da Lei n. 8.666/1993.

Ainda na fase interna, deve a autoridade nomear a comissão encarregada de dirigir os trabalhos de licitação composta por três membros; dois, ao menos, devem ser servidores permanentes do quadro dos órgãos da Administração responsáveis pela licitação (art. 51, *caput*, da Lei n. 8.666/1993).

Cabe à comissão de licitação: instruir o processo licitatório e juntar os documentos pertinentes; publicar com antecedência os atos praticados; instaurar a fase de habilitação e, na data designada, abrir e analisar os documentos integrantes da habilitação e rubricar os documentos apresentados (art. 43, § 2º, da Lei n. 8.666/1993); habilitar ou inabilitar os participantes; analisar, julgar e classificar as propostas, conforme os critérios estabelecidos no ato convocatório; rever suas decisões ou informar os recursos à autoridade superior. Cumpre esclarecer que a comissão não é dotada de competência recursal, pois, no caso de interposição de recurso, se não reconsiderar a decisão recorrida, deverá encaminhar o recurso à autoridade superior, nos termos do § 4º do art. 109 da Lei n. 8.666/1993.

A *fase externa* projeta efeitos para fora da Administração, na medida em que requer a participação de terceiros como protagonistas de certos atos. Na fase externa, considerada essencial, temos a licitação propriamente dita, isto é, a prática de atos destinados à escolha de um contratante para com a Administração. Por se tratar de procedimento administrativo é que a conclusão da etapa anterior condicionará a irrupção da etapa subsequente. Não se interpenetram. Nada do que haja sido objeto de exame na primeira fase pode vir a ser tomado em conta na segunda fase. A fase externa, após sua abertura pelo edital, pode ser desdobrada em duas etapas fundamentais, sem prejuízo de outras, como a análise das condições dos interessados que concorreram à licitação e a análise das propostas.[150]

---

[150] BANDEIRA DE MELLO, Celso Antônio. *Curso de Direito Administrativo*. 29ª Ed. São Paulo: Malheiros Editores, 2012, p. 588.

No exame dos sujeitos verifica-se unicamente a habilitação ou qualificação dos proponentes, isto é, a capacitação jurídica, técnica, econômica, financeira e a regularidade fiscal.

Conforme Celso Antônio Bandeira de Mello:

> o que se põe em pauta, neste período inicial, é unicamente a habilitação ou qualificação dos proponentes. A atenção da Administração vai cifrar-se tão só a verificar se os que acorreram ao certame preenchem ou não os requisitos necessários para disputá-lo, segundo os termos prefixados no edital. Tais requisitos se relacionam exclusivamente com as capacitações jurídica, técnica e econômico-financeira dos interessados, além da regularidade fiscal (art. 27).[151]

Definida a habilitação dos interessados, segue-se o exame das propostas, que se inicia com a abertura dos envelopes, a análise das propostas conforme o edital, o descarte ou desclassificação daquelas desconformes com o edital e a classificação, isto é, a ordenação das propostas em vista das vantagens que oferecem.

De acordo com Celso Antônio Bandeira de Mello: "No segundo momento, abertas as propostas, verifica-se, de início, se estão ou não conformes às exigências do edital. Se estiverem, são admitidas para classificação; se não estiverem, devem ser desclassificadas, é dizer, rejeitadas, *in limine*. Este não é exame de qualidade das propostas, mas apenas de seu ajustamento às condições do edital. Portanto, precede a avaliação ou julgamento das propostas, posto que se cingirá a aferir suas consonâncias com os termos preestabelecidos".[152]

Superada a segunda fase da licitação, isto é, encerrada na esfera administrativa a classificação, com o julgamento dos recursos, passa-se à homologação, ato pelo qual a autoridade competente (externa à comissão) confirma, ou não, a correção jurídica das fases anteriores. Homologada

---

[151] BANDEIRA DE MELLO, Celso Antônio. *Curso de Direito Administrativo*. 29ª Ed. São Paulo: Malheiros Editores, 2012, p. 589.

[152] BANDEIRA DE MELLO, Celso Antônio. *Curso de Direito Administrativo*. 29ª Ed. São Paulo: Malheiros Editores, 2012, p. 589.

a licitação, segue-se a ela a adjudicação, pela qual o primeiro classificado é definido como futuro contratante e convocado para travar o vínculo. Pode haver mais de um adjudicatário nas seguintes hipóteses: (a) divisão da execução de uma obra de vulto em diversos lotes licitados em uma só concorrência, com o propósito de ensejar a ampliação do mercado competidor ou de evitar a eventual dificuldade de um único licitante poder defrontar-se com toda a extensão da obra sem perda da eficiência e rapidez; (b) ampliação da competitividade, mediante cotação de quantidade inferior à demandada na licitação de bens de natureza divisível, de modo a permitir a seleção de diversas propostas em número suficiente a perfazer a quantidade licitada (art. 45, § 6º, e art. 23, § 7º, da Lei n. 8.666/1993).[153]

OBJETIVIDADE JURÍDICA

O dispositivo legislativo procura proteger o desempenho regular da atividade administrativa voltada a realizações das licitações, aquilo que Vicente Greco declarou como sendo "a regularidade do funcionamento da Administração quanto aos procedimentos licitatórios".[154] Para Cezar Roberto Bitencourt o bem jurídico protegido é o de "garantir a respeitabilidade, probidade, integridade e moralidade dos concorrentes", pois "o dispositivo visa proteger correção, legalidade e moralidade na realização de cada um e de todos os atos do procedimento licitatório, observada a regra da isonomia concorrencial".[155] Igualmente, segundo André Guilherme Tavares de Freitas, "a lisura do procedimento licitatório é visualizada como principal bem jurídico tutelado pela norma penal", sem prejuízo, no entanto, da tutela jurídica do regular funcionamento da Administração Pública e do patrimônio público porque as

---

[153] BANDEIRA DE MELLO, Celso Antônio. *Curso de Direito Administrativo*. 29ª Ed. São Paulo: Malheiros Editores, 2012, p. 590.

[154] GRECO FILHO, Vicente. *Dos Crimes da Lei de Licitações*. São Paulo: Saraiva, 2007, p. 36; GASPARINI, Diógenes. *Crimes na Licitação*. 3ª Ed. São Paulo: Editora NDJ, 2004, p. 124.

[155] BITENCOURT, Cezar Roberto. *Direito Penal das Licitações*. São Paulo: Saraiva, 2012, p. 264.

condutas tipificadas podem turbar a possibilidade de a administração selecionar a proposta mais vantajosa.[156]

SUJEITOS DO CRIME

O crime descrito não é próprio; assim, qualquer pessoa pode realizar os comportamentos incriminados de impedir, perturbar ou fraudar, participe ou não do procedimento licitatório.[157] De acordo com André Guilherme Tavares de Freitas "a conduta típica descrita nesta norma pode ser praticada por qualquer pessoa, não sendo exigida uma qualificação especial do sujeito ativo, embora não esteja descartada a prática do ato por um servidor público".[158] Com a mesma opinião Cezar Roberto Bitencourt para quem "o sujeito ativo do crime pode ser qualquer pessoa, tendo ou não interesse pessoal no procedimento licitatório, não sendo exigida qualidade ou condição especial".[159]

O sujeito passivo ou a vítima será a entidade que promoveu o procedimento licitatório cujos atos foram impedidos, perturbados ou fraudados. Qualquer pessoa prejudicada pela conduta irregular ou fraudulenta do sujeito ativo em relação ao ato do procedimento licitatório.[160]

CONSUMAÇÃO

O crime consuma-se com a prática do ato de impedir, perturbar ou fraudar. No impedimento o crime consuma-se no momento em que

---

[156] FREITAS, André Guilherme Tavares. *Crime na Lei de Licitações*. 3ª Ed. Rio de Janeiro: Impetus, 2013, p. 116.

[157] GASPARINI, Diógenes. *Crimes na Licitação*. 3ª Ed. São Paulo: Editora NDJ, 2004, p. 125.

[158] FREITAS, André Guilherme Tavares. *Crime na Lei de Licitações*. 3ª Ed. Rio de Janeiro: Impetus, 2013, p. 117.

[159] BITENCOURT, Cezar Roberto. *Direito Penal das Licitações*. São Paulo: Saraiva, 2012, p. 264.

[160] BITENCOURT, Cezar Roberto. *Direito Penal das Licitações*. São Paulo: Saraiva, 2012, p. 264.

o ato deveria ser praticado, mas não o foi em decorrência do agir do agente. Na perturbação, o crime se consuma no momento em que o ato está sendo praticado, mas a ação do agente perturba, atrapalha ou tumultua o ato, enquanto na fraude a infração consuma-se quando o ato é praticado de forma viciada, defeituosa.

Admite-se a tentativa.

ELEMENTO SUBJETIVO

O crime descrito em suas três modalidades é doloso e por isso sua configuração requer ação deliberada para impedir, perturbar ou fraudar o ato do procedimento licitatório. Segundo Cezar Rodrigues Bitencourt o elemento subjetivo é o dolo representado pela vontade consciente atual de praticar as condutas de impedir, perturbar ou fraudar a realização de qualquer ato do procedimento licitatório.[161] Não há a presença de qualquer elemento subjetivo especial do injusto, pois não se exige o especial fim de agir que integra determinadas definições de delitos e condiciona a ilicitude do fato de forma autônoma e independente do dolo conhecido como elemento subjetivo especial do tipo de ilícito.[162]

PENA

O artigo prevê penas de detenção de 6 (seis) meses a 2 (dois) anos aplicada cumulativamente a pena de multa.

---

[161] BITENCOURT, Cezar Roberto. *Direito Penal das Licitações*. São Paulo: Saraiva, 2012, p. 271.

[162] BITENCOURT, Cezar Roberto. *Direito Penal das Licitações*. São Paulo: Saraiva, 2012, p. 272.

Capítulo VIII

DEVASSAR SIGILO DE PROPOSTA

Sumário: Condutas puníveis. Objetividade jurídica. Sujeitos do crime. Consumação. Tentativa. Elemento subjetivo. Pena.

CONDUTAS PUNÍVEIS

Art. 94. Devassar o sigilo de proposta apresentada em procedimento licitatório, ou proporcionar a terceiro o ensejo de devassá-lo:

Pena – detenção, de 2 (dois) a 3 (três) anos, e multa.

Cuida o artigo 94 de criminalizar a conduta daquele que devassa o sigilo de proposta apresentada em procedimento licitatório, ou proporciona a terceiro o ensejo de devassá-lo e o submeter a sanção de detenção de 2 (dois) a 3 (três) anos e ao pagamento de multa, que, pelo princípio da especialidade, teria revogado, tacitamente, o art. 326 do Código Penal que disciplinava, também, a violação do sigilo de proposta de concorrência e apresenta redação semelhante:[163] "Devassar o sigilo de proposta apresentada em procedimento licitatório ou proporcionar

[163] Nesse sentido a lição de BITENCOURT, Cezar Roberto. *Direito Penal das Licitações.* São Paulo: Saraiva, 2012, p. 277.

a terceiro o ensejo de devassá-lo". Para André Guilherme Tavares de Freitas "a revogada tipificação se circunscrevia apenas à concorrência pública. Agora não, pois a atual norma penal está colocada de forma mais abrangente, para incluir no tipo todas as modalidades de procedimento licitatório (concorrência pública, tomada de preços, convite, concurso e leilão). Ademais, o presente tipo tornou mais gravosa a sanção penal correspondente, estabelecendo uma pena mínima de dois e uma máxima de três anos de detenção, além da multa cumulativa".[164]

As condutas proibidas resultam em devassar o sigilo de proposta ou proporcionar a terceiro a oportunidade para devassá-lo.

Devassar é ação positiva destinada a conhecer o conteúdo da proposta. Devassar é descobrir, por a descoberta a informação, conhecer o conteúdo da proposta, que ocorre, a princípio, com a abertura do envelope que contém a proposta, mas que pode dar-se por outro meio, que não, necessariamente, a abertura do envelope, Proporcionar é ensejar, propiciar, dar oportunidade a que o devassamento por terceiro da proposta apresentada no processo licitatório ocorra.[165]

Só pode haver o crime nos procedimentos em que as propostas sejam submetidas a sigilo até o julgamento. Como regra, no procedimento licitatório comum, as propostas, até o momento do julgamento, deverão ser mantidas em sigilo o que, por si, configura uma exceção ao princípio da publicidade que informa a todos o procedimento licitatório.

A proposta, tecnicamente, é declaração unilateral expedida pelo licitante acerca do critério de julgamento eleito pela administração para escolha do licitante. Assim, se o critério de julgamento for o menor preço, a proposta conterá o preço do licitante como contraprestação

---

[164] FREITAS, André Guilherme Tavares. *Crime na Lei de Licitações*. 3ª Ed. Rio de Janeiro: Impetus, 2013, p. 121.

[165] GASPARINI, Diógenes. *Crimes na Licitação*. 3ª Ed. São Paulo: Editora NDJ, 2004, p. 131.

pelo bem, serviço ou obra prestado. Se o critério for, por exemplo, a melhor técnica ou técnica e preço, as chamadas licitações técnicas, o licitante ofertará duas propostas: as propostas técnicas e as propostas com os preços.

O tipo penal admite forma livre porque o legislador não definiu os meios ou modos pelos quais a proposta pode ser devassada. A tecnologia permite o conhecimento do conteúdo da proposta sem que ocorra, necessariamente, a violação do envelope que a continha. Pune-se a violação do invólucro ou da garantia de acobertamento que dele emana e, por isso, incorre no tipo tanto aquele que abre o envelope, como aquele que utiliza tecnologia que permite conhecer o seu conteúdo, como raio x, scaner, raio laser, entre outros. Não se exige, no entanto, que o agente tome efetivo conhecimento do teor da proposta, mas sim que vulnere, que penetre, que supere o suporte físico que a encobria da curiosidade alheia. A leitura do prévio teor da proposta representaria, no caso, mero exaurimento do tipo penal.[166]

OBJETIVIDADE JURÍDICA

O bem jurídico tutelado, protegido, é a regularidade do procedimento licitatório, em especial o sigilo da proposta até o momento em que o respectivo conteúdo deva ser conhecido.[167] No mesmo sentido a opinião de André Guilherme Tavares de Freitas para quem "pretende-se tutelar com esta norma penal o regular funcionamento da Administração Pública, bem como a regularidade do procedimento licitatório, protegendo-se, em especial, o sigilo das propostas, a competividade do certame e a igualdade dos concorrentes".[168]

---

[166] Nesse sentido, a lição: "Não é imprescindível (...) indevassabilidade" (BITENCOURT, Cezar Roberto. *Direito Penal das Licitações*. São Paulo: Saraiva, 2012, p. 282).

[167] GASPARINI, Diógenes. *Crimes na Licitação*. 3ª Ed. São Paulo: Editora NDJ, 2004, p. 132.

[168] FREITAS, André Guilherme Tavares. *Crime na Lei de Licitações*. 3ª Ed. Rio de Janeiro: Impetus, 2013, p. 121.

O segredo que recai sobre as propostas oferecidas busca impedir o ajuste, o acordo, o arranjo entre os licitantes, que, então, poderia frustrar a saudável competição que se deve estabelecer entre eles com vistas a Administração Pública obter, para sí, a proposta mais vantajosa.

SUJEITOS DO CRIME

O integrante da comissão ou, ainda, o servidor público encarregado de receber, guardar e conservar os envelopes entregues com as propostas é quem pode cometer o crime, e, assim, define-se o tipo como crime próprio. Com efeito, somente pode ser sujeito ativo aquele que tem a guarda das propostas, cujo sigilo deve ser preservado até o momento da abertura dos envelopes, ou, então, aquele que, embora não integre a Comissão de Licitação, fora investido regularmente em função pública que lhe possibilite ter acesso às propostas licitatórias. Com efeito, o servidor público, independentemente de integrar a Comissão de Licitação tem o dever funcional de preservar sigilo das propostas licitatórias.

É a opinião de Cezar Roberto Bitencourt para quem "sujeito ativo somente pode ser quem tem a guarda das propostas, que não podem ser abertas antes da audiência pública prevista para esse fim" e, assim, segundo ele, "trata-se de uma modalidade muito peculiar de crime próprio, uma vez que *a condição especial* não se encontra, exclusivamente, no sujeito ativo propriamente – *funcionário público* – mas na natureza da atividade ou função pública que desempenha, em razão da qual é o garantidor da indevassabilidade do sigilo das propostas dos competidores do certame licitatório".[169]

André Guilherme Tavares de Freitas possui, no entanto, pensamento diverso, pois, para ele "a conduta de 'devassar o sigilo' não contém em sua descrição qualquer exigência expressa da necessidade de ser perpetrada por servidor público, não havendo, por outro lado, qualquer

[169] BITENCOURT, Cezar Roberto. *Direito Penal das Licitações*. São Paulo: Saraiva, 2012, p. 279.

óbice fático ou legal de que a mesma seja praticada por particular". Para ele deve haver uma análise diferenciada em relação às condutas previstas e, assim, em relação à conduta "devassar o sigilo" cuida-se de crime comum passível de ser praticado por qualquer pessoa enquanto em relação à conduta de 'proporcionar a terceiro o ensejo de devassá-la' tratar-se-ia de um crime próprio que só pode ser praticado por servidor público que tenha o dever de assegurar o sigilo das propostas licitatórias, servidor que participe do procedimento licitatório ou servidor cuja função pública que desempenhe propicie a ele devassar o conteúdo da proposta.[170]

O sujeito passivo do crime seria a entidade obrigada a licitar a quem caberá, se assim o quiser, promover a ação penal privada subsidiária da pública.

Essa não é, no entanto, a opinião de Cezar Roberto Bitencourt para quem "sujeito passivo é prioritariamente o eventual prejudicado com a devassa do sigilo da proposta e secundariamente a Administração Pública a qual teve desrespeitado por seu funcionário o dever de fidelidade funcional, que é inerente ao exercício do cargo ou função pública".[171]

CONSUMAÇÃO

Consuma-se o crime, em nossa opinião, na primeira modalidade, com a violação do envelope ou do invólucro de modo a possibilitar o acesso ao conteúdo reservado, até então mantido em sigilo, e, na segunda modalidade, com a facilitação a um terceiro para que tome conhecimento do conteúdo mantido em sigilo.

De acordo com a lição de Cezar Roberto Bitencourt consuma-se o crime com a devassa da proposta apresentada em certame licitatório ou com a facilitação a terceiro de sua devassa, ou seja, com a abertura do invólucro ou recipiente onde a mesma se encontre, sem que seja necessário,

---

[170] FREITAS, André Guilherme Tavares. *Crime na Lei de Licitações*. 3ª Ed. Rio de Janeiro: Impetus, 2013, p. 123.

[171] BITENCOURT, Cezar Roberto. *Direito Penal das Licitações*. São Paulo: Saraiva, 2012, p. 280.

para caracterização da infração, a divulgação a terceiro do seu conteúdo da proposta devassada, que, se ocorrer, representará somente o seu exaurimento. A consumação na hipótese de devassa do sigilo somente ocorre com o conhecimento efetivo do conteúdo da proposta por parte do funcionário ou mesmo terceiro. Em outros termos, é necessário que o sigilo seja quebrado em decorrência da conduta funcional indevida, seja ele próprio tomando conhecimento, seja permitindo que outrem o conheça.[172]

TENTATIVA

Ambos os crimes admitem tentativa, pois pode ser que o servidor seja flagrado durante a execução de procedimento químico ou mecânico com vistas a devassar invólucro ou ao realizar medidas que facilitariam a terceiro devassar a proposta.

ELEMENTO SUBJETIVO

O crime é doloso e, por isso, pressupõe o discernimento necessário, a vontade livre e consciente direcionada à realização do tipo de devassar o sigilo da proposta ou proporcionar a terceiro o ensejo de devassá-lo. A consciência do agente deve recair sobre a ação, os meios utilizados e abarcar inclusive a regra de que o sigilo das propostas é indevassável e se cuida de dever funcional que deve ser respeitado, pois, a ausência dessa consciência afastaria o dolo e a tipicidade da conduta.[173]

Não se exige qualquer elemento subjetivo especial do injusto, nem se exige, também, qualquer vantagem com a devassa do sigilo, que, se existir, poderá caracterizar outros crimes, como a corrupção passiva ou a concussão.[174]

---

[172] BITENCOURT, Cezar Roberto. *Direito Penal das Licitações*. São Paulo: Saraiva, 2012, p. 285.

[173] BITENCOURT, Cezar Roberto. *Direito Penal das Licitações*. São Paulo: Saraiva, 2012, p. 284.

[174] BITENCOURT, Cezar Roberto. *Direito Penal das Licitações*. São Paulo: Saraiva, 2012, p. 284.

PENA

A pena de detenção, de 2 (dois) a 3 (três) anos, é aplicada cumulativamente com a de multa.

Agrava-se a pena se o autor ocupar cargo em comissão ou acumular função de confiança na Administração Pública.

Capítulo IX

AFASTAR OU PROCURAR AFASTAR LICITANTE

Sumário: Considerações gerais. Bem jurídico. Condutas puníveis. Consumação. Sujeitos. Elemento subjetivo. Pena.

CONSIDERAÇÕES GERAIS

Art. 95. Afastar ou procurar afastar licitante, por meio de violência, grave ameaça, fraude ou oferecimento de vantagem de qualquer tipo:

Pena – detenção, de 2 (dois) a 4 (quatro) anos, e multa, além da pena correspondente à violência.

Parágrafo único. Incorre na mesma pena quem se abstém ou desiste de licitar, em razão da vantagem oferecida.

O procedimento licitatório, como sabido, busca a seleção da proposta que se revelar mais vantajosa para Administração. Com isso, ela preserva, adequadamente, os recursos públicos. É fundamental, para que isso ocorra, portanto, que o procedimento licitatório conte com ampla participação de interessados. A competição entre um universo maior de licitantes aumenta as margens de eficiência e os ganhos produzidos pela licitação. Por isso, o legislador criminaliza o comportamento daquele que procura afastar o licitante do procedimento licitatório, seja qual for o meio utilizado, que pode ser a outorga de vantagem, econômica ou não econômica, como, também, o recurso a força, a ameaça ou o engodo, o ardil ou a fraude.

BEM JURÍDICO

O *bem jurídico tutelado* é a integridade da licitação em especial em relação à participação dos licitantes. Alguns autores preferem destacar "a regularidade do procedimento licitatório"[175]; "o bom andamento da Administração Pública"[176]; "o de cumprir e fazer cumprir o processo licitatório com toda transparência, lisura e correção". [177]

CONDUTAS PUNÍVEIS

O tipo penal fala em licitante. Existem dois tipos de licitantes.

Aqueles assim declarados depois da fase procedimental de habilitação. Nesse caso, tecnicamente, licitante é aquele que foi considerado habilitado e, com isso, conquistou o direito de que sua proposta seja examinada. Até que ocorra a habilitação, nos procedimentos em que ela precede a análise das propostas, não falamos em licitante, mas em interessado. Assim, desta forma, a habilitação atribui aos interessados que responderam à convocação feita pela Administração a qualidade jurídica de licitantes e o direito ao exame de suas propostas. É o ato que remove obstáculos para concorrer ao objeto licitado.[178]

---

[175] GRECO FILHO, Vicente. *Dos Crimes da Lei de Licitações*. São Paulo: Saraiva, 2007, p. 110.

[176] COSTA Jr., Paulo José da. *Direito penal das licitações*. 2ª Ed. São Paulo: Saraiva, 2004, p. 53.

[177] BITENCOURT, Cezar Roberto. *Direito Penal das Licitações*. São Paulo: Saraiva, 2012, p. 294.

[178] ROCHA, Silvio Luís Ferreira da. *Manual de Direito Administrativo*. São Paulo: Malheiros, 2013, p. 400.

Aqueles em que a fase procedimental de habilitação é diferida para depois do julgamento das propostas. Nesse caso, licitante é aquele que deliberou participar do procedimento licitatório.

As condutas criminalizadas – afastar ou procurar afastar – devem incidir sobre quem ostente a condição de licitante. Numa concorrência, por exemplo, antes de ocorrida a habilitação, comportamentos que busquem afastar ou procurar afastar os interessados poderiam incorrer no tipo previsto no artigo 93 e não no tipo ora estudado.

Afastar é por de lado, separar alguém de certo convívio, no caso do procedimento licitatório, enquanto procurar afastar significa esforçar-se junto a alguém para que não faça o que propusera, no caso participar de procedimento licitatório.[179]

O comportamento de afastar ou procurar afastar pode ser realizado de diversos modos, como recorrer ao uso de violência, de grave ameaça, de fraude ou o oferecimento de qualquer vantagem.

A violência significa o emprego da força física, material, com o propósito de vencer a resistência da pessoa em participar da licitação. Trata-se de uma ação física que influencie a decisão de afastar-se do procedimento licitatório.

A ameaça grave ou violência moral caracteriza-se pela promessa de realização de um mal, materializada em gestos, palavras, atos, escritos, ato considerado grave, determinado, verossímil, iminente, que configure o que se denomina de "idoneidade intimidativa". É aquela capaz de atemorizar a vítima; viciar a vontade; impossibilitar-lhe a resistência.[180]

A fraude representa o ardil, o artifício, o recurso a toda simulação ou dissimulação apta a enganar o licitante e induzi-lo a afastar-se da licitação, como, por exemplo, a remessa de uma falsa deliberação da Administração de que resolveu revogar a licitação.

---

[179] GASPARINI, Diógenes. *Crimes na Licitação*. 3ª Ed. São Paulo: Editora NDJ, 2004, p. 138.

[180] BITENCOURT, Cezar Roberto. *Direito Penal das Licitações*. São Paulo: Saraiva, 2012, p. 300.

Vantagem significa qualquer benefício, utilidade, econômica ou não. Nesse caso, o parágrafo único descreve conduta omissiva do licitante que em decorrência da vantagem oferecida abstém-se ou desiste de licitar. Abster-se é não participar e desistir é retirar-se no curso do procedimento. Comprovar a abstenção é mais difícil do que comprovar a desistência.

Se o licitante for pessoa jurídica, a violência, a ameaça grave, a fraude ou a oferta de vantagem deve ser empregada contra representante legal que tenha atribuição para deliberar pelo abandono da licitação.

O dolo é o elemento subjetivo; há necessidade que se comprove a vontade consciente do agente em praticar qualquer uma das condutas descritas e deve recair sobre todas as elementares do tipo.

CONSUMAÇÃO

Parte da doutrina sustenta que o crime descrito é formal e, portanto, não exige resultado naturalístico, como Diógenes Gasparini, para quem "a infração do *caput* consuma-se com a prática dos atos hábeis de violência, grave ameaça, fraude e oferecimento de vantagem de qualquer tipo, já que é suficiente procurar afastar o licitante. Não é necessário o efetivo afastamento e mesmo que o licitante continue na licitação promovendo o que lhe toca (entrega de envelopes) a consumação do crime ocorre. Trata-se de crime de perigo".[181]

SUJEITOS

O sujeito ativo do crime pode ser qualquer pessoa. Cuida-se de um crime comum e não próprio. Não impede, no entanto, que, eventualmente, o sujeito ativo possa ser um servidor público, embora essa

---

[181] GASPARINI, Diógenes. *Crimes na Licitação*. 3ª Ed. São Paulo: Editora NDJ, 2004, p. 138.

condição não seja exigível, de modo que o crime qualifica-se como crime comum.[182]

Tanto o licitante, como a Administração podem ser considerados vítimas do crime, pois ambos têm suas legítimas esferas de interesses jurídicos atingidas. Acolhe-se, aqui, a lição de Cezar Roberto Bitencourt que discorda do entendimento tradicional da doutrina que define o particular sempre como sujeito passivo secundário.

ELEMENTO SUBJETIVO

O tipo penal exige o dolo genérico consubstanciado na vontade livre e consciente de afastar o licitante mediante violência, grave ameaça, fraude ou oferecimento de vantagem de qualquer espécie.[183]

PENA

Os infratores estão sujeitos às penas de dois a quatro anos de detenção e multa, além da pena correspondente à violência, quando constituir crime autônomo, como o de lesões corporais ou homicídio.

---

[182] BITENCOURT, Cezar Roberto. *Direito Penal das Licitações*. São Paulo: Saraiva, 2012, p. 295.

[183] GASPARINI, Diógenes. *Crimes na Licitação*. 3ª Ed. São Paulo: Editora NDJ, 2004, p. 142.

Capítulo X

FRAUDE EM LICITAÇÃO INSTAURADA EM PREJUÍZO DA FAZENDA PÚBLICA

Sumário: Considerações gerais. Condutas. Objetividade jurídica. Sujeitos do crime. Consumação. Elemento subjetivo. Pena.

CONSIDERAÇÕES GERAIS

Art. 96. Fraudar, em prejuízo da Fazenda Pública, licitação instaurada para aquisição ou venda de bens ou mercadorias, ou contrato dela decorrente:

I – elevando arbitrariamente os preços;

II – vendendo, como verdadeira ou perfeita, mercadoria falsificada ou deteriorada;

III – entregando uma mercadoria por outra;

IV – alterando substância, qualidade ou quantidade da mercadoria fornecida;

V – tornando, por qualquer modo, injustamente, mais onerosa a proposta ou a execução do contrato:

Pena – detenção, de 3 (três) a 6 (seis) anos, e multa.

Cuida-se de um dos tipos com pena mais grave do que os demais tipos descritos na Lei de Licitações porque, para alguns, tratar-se-ia de crime de dano contra o erário público na medida em que o tipo não se contenta com a fraude, mas requer, igualmente, a ocorrência de prejuízo em desfavor do ente público. Tratar-se-ia, afinal, de um crime de resultado.

O citado dispositivo legal descreve condutas lesivas, tão somente, à licitação ou ao contrato para a compra ou venda de bens ou mercadorias, que, inclusive, recebe atenção especial no artigo 15 da Lei n. 8.666/1993 que determina que as compras devam, sempre que possível I) atender ao princípio da padronização, que imponha compatibilidade de especificações técnicas e de desempenho, observadas, quando for o caso, as condições de manutenção, assistência técnica e garantia oferecidas; II) ser processadas através de sistema de registro de preços; III) submeter-se às condições de aquisição e pagamento semelhantes às do setor privado.

A licitação e o contrato destinado à aquisição de obras, serviços de engenharia ou outros serviços foram excluídos da proteção penal, o que não deixa de caracterizar uma incoerência ou inconsistência do legislador.

Do ponto de vista jurídico, a lei busca proteger e tutelar negócios jurídicos preparatórios ou definitivos realizados com vistas à constituição tão somente de obrigações de dar, isto é, quando os negócios jurídicos envolvam a transferência da posse ou da propriedade dos bens, excluída, destarte, as obrigações de fazer ou não fazer.

O bem jurídico tutelado não seria exatamente o mesmo dos demais crimes, isto é, a integridade do procedimento licitatório, considerado essencial para assegurar a impessoalidade e a moralidade. O que se busca proteger, em última análise, além dos valores e princípios acima nominados, seria também a comutatividade[184], a boa-fé[185] e a justiça contratual que devem orientar a execução dos contratos firmados.

---

[184] Nos contratos comutativos as prestações de ambas as partes são conhecidas de antemão desde o momento da formação do contrato e, na medida do possível, equivalentes entre si. A equivalência, segundo a doutrina, não precisa ser objetiva – as vantagens procuradas pelos contratantes serem proporcionalmente as mesmas –, basta à equivalência subjetiva (a parte sente-se satisfeita conforme suas conveniências e interesses) e a certeza das prestações.

[185] O princípio da boa-fé previsto no art. 422 do Código Civil versa sobre a boa fé

A Lei de Licitações no artigo 62 distingue o contrato de outros instrumentos jurídicos que podem ser utilizados, também, para formalizar a avença e facilitar sua prova, como a carta-contrato, a nota de empenho de despesa, a autorização de compra, a ordem de execução de serviço que deverão conter naquilo que for possível, as informações previstas no artigo 55 da Lei n. 8.666/1993.

A dúvida que remanesce é se a incriminação recairia apenas quando houvesse a celebração de contrato ou, pelo contrário, os outros modos de formalização da avença poderiam caracterizar o tipo penal. Cezar Roberto Bitencourt discorda da ideia de equiparar o contrato, elementar do *caput*, com qualquer pacto firmado pela Administração Pública porque, para ele, quando a lei de licitações faculta substituir o instrumento de contrato por outros instrumentos hábeis está reconhecendo que são instrumentos diferentes, isto é, que não tem a mesma estrutura formal e nem a mesma força e confiabilidade jurídica, tanto que os destina a situações menos importantes e menos formais.[186]

---

objetiva e impõe aos contratantes o atuar de acordo com padrão genérico, objetivo, de comportamento, que exigirá deles atuação refletida, respeitosa, leal, não abusiva, ou lesiva, que constitui fonte de deveres especiais de conduta durante o vínculo contratual, denominadas obrigações acessórias e causa que limita o exercício abusivo de direitos objetivos. As funções da boa-fé são múltiplas, mas quatro delas são amplamente reconhecidas, como a função interpretativa, a integrativa, a de limitação ao exercício de direitos subjetivos e a de criação de deveres aos contratantes. Na função interpretativa a boa-fé objetiva exige a rigorosa avaliação das circunstâncias do negócio jurídico, dos usos do lugar da celebração para que revele o sentido e o alcance das cláusulas contratuais, respeitado o programa socioeconômico do contrato. A função integradora atua nos espaços deixados pelos contratantes decorrentes de imprevisão, fala de cautela ou mutação das circunstâncias atuais, mas requer adequação à realidade do contrato e aos interesses patrimoniais e existências dos contratantes, com vistas a preservar o negócio e os efeitos jurídicos almejados pelas partes.

A função limitadora repercute na proibição da redação de cláusulas contratuais abusivas, na redução do direito de resolver o contrato por inadimplência, se a substancialidade da prestação foi cumprida, isto é, caracterizado o denominado adimplemento substancial, ou na proibição do abuso da posição jurídica, explicitada pelas figuras da *suppressio, surrectio, tu quoque e venire contra factum proprium.*

[186] BITENCOURT, Cezar Roberto. *Direito Penal das Licitações*. São Paulo: Saraiva, 2012, p. 316.

Citado autor também não concorda em aplicar a este dispositivo a figura abrangente descrita no parágrafo único do artigo 2º da Lei n. 8.666/1993 porque na seara penal deveria ser respeitado o dogma da tipicidade estrita.[187]

Tenho posição diversa.

Em primeiro lugar, os tipos penais foram previstos na intimidade da Lei n. 8.666/1993 que em sua sistemática optou por considerar contrato "todo e qualquer ajuste entre órgãos ou entidades da Administração Pública e particulares, em que haja um acordo de vontades para a formação de vínculo e a estipulação de obrigações recíprocas, seja qual for a denominação utilizada", o que permite, numa interpretação lógica e sistemática, considerar o tipo como abrangente de todo e qualquer modo de formalização da avença.

Em segundo lugar, o que se busca proteger, em última análise, além dos valores e princípios da moralidade, é o princípio da justiça contratual, a comutatividade e a boa-fé que deve orientar a execução dos contratos firmados. O princípio do equilíbrio contratual ou da justiça contratual requer a ordenação objetivamente justa das relações entre os contratantes, que supere e torne inócua a desigualdade fática das partes. Manifesta-se: (a) pela equivalência objetiva entre prestação e contraprestação, de modo que ambas tenham valor correspondente, conforme preconizam a exceção do contrato não cumprido; a possibilidade do abatimento do preço por vício da coisa e na evicção; na limitação das cláusulas penais; (b) na justa distribuição de ônus e riscos do contrato; (c) na proibição da lesão; (d) na proibição das cláusulas abusivas. A comutatividade indica que as prestações de ambas as partes são conhecidas de antemão desde o momento da formação do contrato e, na medida do possível, equivalentes entre si. A equivalência, segundo a doutrina, não precisa ser objetiva – as vantagens procuradas pelos contratantes serem proporcionalmente as mesmas –, basta à equivalência subjetiva (a parte sente-se satisfeita conforme suas conveniências e interesses) e a certeza das prestações.[188]

---

[187] BITENCOURT, Cezar Roberto. *Direito Penal das Licitações*. São Paulo: Saraiva, 2012, p. 316.

[188] GOMES, Orlando. *Contratos*. 12ª Ed. Rio de Janeiro: Forense, 1987, p. 80;

O tipo penal ora comentado procura proteger, justamente, o equilíbrio entre as prestações decorrentes do negócio jurídico abalado exatamente pela fraude, de modo que estabelecido uma avença que instaure um equilíbrio entre as partes, a fraude cometida que, por qualquer modo, torne, injustamente, mais onerosa à proposta ou a execução do contrato, como a elevação arbitrária dos preços, a comercialização de mercadoria falsificada ou deteriorada, a entrega de uma mercadoria por outra, a alteração de substancia, qualidade ou quantidade merece reprimenda, independentemente da designação jurídica que lhe foi atribuída.

CONDUTAS

Criminaliza-se o comportamento fraudulento em licitação instaurada para a aquisição ou venda de bens ou mercadorias ou em contrato dela decorrente que resulte em prejuízo a Administração Pública, mediante a elevação arbitrária dos preços; a comercialização de mercadoria falsificada ou deteriorada; a entrega de mercadoria diversa daquela que foi licitada; adulterações qualitativas ou quantitativas dos bens fornecidos, ou, então, como cláusula geral, o recurso a qualquer modo que, sem justificativa, torne mais onerosa à proposta ou a execução do contrato.

Cinco são as condutas sancionáveis previstas todas referidas à licitação ou a contrato que visam à aquisição ou venda de bens e mercadorias por quem está submetido a essa lei, tais como: elevar arbitrariamente os preços; vender como verdadeira ou perfeita mercadoria falsificada ou deteriorada; entregar uma mercadoria por outra; alterar substância, qualidade ou quantidade da mercadoria fornecida; tornar injustamente mais onerosa à proposta ou a execução do contrato.

A elevação arbitrária é a elevação dos preços que se mostra desarrazoada, injustificada. O elemento normativo "arbitrariamente" demonstra que não se trata de qualquer elevação de preços, mas há de ser um

---

ROCHA, Silvio Ferreira da. *Curso avançado de Direito Civil*: Contratos. São Paulo: RT, 2002, p. 66.

incremento fora dos padrões de mercado, que se revele exagerado, abusivo, desproporcional, que não resulte de circunstâncias que influam direta e imediatamente nos preços, como condições climáticas adversas.[189]

Vender como verdadeira ou perfeita mercadoria falsificada ou deteriorada constitui fraude.

Igualmente, também constitui fraude aquele que entrega uma mercadoria por outra, embora, nesse caso, exija-se a inferioridade da qualidade da mercadoria entregue. Assim, deve ser feita uma distinção. Entregar uma coisa por outra, ainda que de melhor qualidade pode caracterizar inadimplemento contratual, mas não o crime descrito no artigo 96, inciso III, da Lei n. 8.666/1993, porque, nesse caso, não haveria prejuízo para a Fazenda Pública.

Igualmente, também configura fraude a quarta modalidade de conduta incriminada de alterar substância, qualidade ou quantidade da mercadoria fornecida. A fraude estaria na alteração da substância, qualidade ou quantidade da mercadoria para pior.

Por último, pune-se a conduta daquele que torna, por qualquer modo e injustamente, mais onerosa a proposta do contrato.

A elevação arbitrária dos preços e o recurso a qualquer modo que, sem justificativa, torne mais onerosa à proposta ou a execução do contrato são as duas hipóteses mais controvertidas.

Para Marçal Justen Filho, a "elevação de preços não pode ser tipificada como crime" porque ofenderia tanto a livre concorrência, como o direito de propriedade, que, segundo ele, legitimariam o particular a fixar o seu preço, ainda que arbitrariamente.[190]

Os citados argumentos são insustentáveis à luz do que dispõe o artigo 173, § 4º, da Constituição Federal, que autoriza a lei a reprimir

---

[189] BITENCOURT, Cezar Roberto. *Direito Penal das Licitações*. São Paulo: Saraiva, 2012, p. 325.

[190] JUSTEN FILHO, Marçal. *Comentários à Lei de Licitações e Contratos Administrativos*. 13ª Ed. São Paulo: Dialética, 2008, p. 640.

o abuso do poder econômico que vise à dominação dos mercados, à eliminação da concorrência e ao *aumento arbitrário dos lucros (grifei)*. O que a lei coíbe não é a elevação comum de preços, mas a arbitrária, isto é, "aquela que não atende à lei, que é desarrazoada, que é injustificada".[191]

Também para Marçal Justen Filho a previsão do inciso V ofenderia aos princípios da legalidade e da tipicidade. Para nós, também, pois "pelo princípio da legalidade as leis que definem crimes devem marcar exatamente a conduta que objetivam punir, de modo que não podem ser aceitas leis vagas, imprecisas, que não deixam perfeitamente delimitado o comportamento que pretendem incriminar, os chamados tipos penais abertos".[192]

OBJETIVIDADE JURÍDICA

O tipo penal no caso tutela preferencialmente o patrimônio público da entidade pública licitante ou contratante na medida em que busca coibir o prejuízo a ela, sem, no entanto, descurar da respeitabilidade, da probidade, integridade e moralidade do procedimento licitatório e contratual.[193]

SUJEITOS DO CRIME

O sujeito ativo do crime deve ser o licitante ou o contratante, pois eles e somente eles estariam em condições de realizar as condutas descritas no artigo 96 da Lei n. 8.666/1993[194], embora a doutrina sustente que o

---

[191] GASPARINI, Diógenes. *Crimes na Licitação*. 3ª Ed. São Paulo: Editora NDJ, 2004, p. 148.

[192] DELMANTO, Celso. *Código Penal Comentado*. 8ª Ed. Rio de Janeiro: Renovar, 2002, p. 78.

[193] GASPARINI, Diógenes. *Crimes na Licitação*. 3ª Ed. São Paulo: Editora NDJ, 2004, p. 151; FREITAS, André Guilherme Tavares. *Crime na Lei de Licitações*. 3ª Ed. Rio de Janeiro: Impetus, 2013, p. 135; BITENCOURT, Cezar Roberto. *Direito Penal das Licitações*. São Paulo: Saraiva, 2012, p. 317.

[194] GASPARINI, Diógenes. *Crimes na Licitação*. 3ª Ed. São Paulo: Editora NDJ, 2004, p. 150.

sujeito ativo do crime pode ser qualquer pessoa, que tenha ou não interesse pessoal no procedimento licitatório, não sendo exigida qualidade ou condição especial, inclusive o próprio servidor público encarregado da licitação ou do contrato administrativo.[195] Nesse sentido, cabe a opinião de André Guilherme Tavares de Freitas para quem versa a hipótese sobre crime comum, que pode, por conseguinte, ser praticado por qualquer pessoa que o consiga utilizar-se das vias de execução previstas neste art. 96 para o fim de fraudar o contrato ou a licitação, embora reconheça que o crime, por evidência, é praticado mais comumente pelos contratados ou licitantes.[196]

O sujeito passivo é a entidade que licitou ou que contratou em decorrência da licitação. O art. 22, XXVII, da CF atribui à União a competência para estabelecer "normas gerais de licitação e contratação, em todas as modalidades, para as Administrações Públicas diretas, autárquicas e fundacionais da União, Estados, Distrito Federal e Municípios, obedecido ao disposto no art. 37, XXI, e para as empresas públicas e sociedades de economia mista, nos termos do art. 173, § 1º, III". Assim, estão obrigados a licitar a União, os Estado, os Municípios, o Distrito Federal e as respectivas autarquias e fundações. As empresas públicas e sociedades de economia mista também estão obrigadas a licitar, mas podem ficar sujeitas a regras próprias criadas por lei específica com apoio no art. 173 da CF. Entretanto, enquanto não editada, submetem-se às regras da Lei n. 8.666/1993, conforme prevê o art. 1º, parágrafo único: "Subordinam-se ao regime desta Lei, além dos órgãos da Administração direta, os fundos especiais, as autarquias, as fundações públicas, as sociedades de economia mista e demais entidades controladas direta ou indiretamente pela União, Estados, Distrito Federal e Municípios".

Não obstante, há quem sustente que pelo fato de o legislador utilizar-se do termo "Fazenda Pública" o sujeito passivo seria tão somente as entidades qualificadas de pessoas de direito público interno,

---

[195] BITENCOURT, Cezar Roberto. *Direito Penal das Licitações*. São Paulo: Saraiva, 2012, p. 317.

[196] FREITAS, André Guilherme Tavares. *Crime na Lei de Licitações*. 3ª Ed. Rio de Janeiro: Impetus, 2013, p. 135.

como a União, os Estados, os Municípios, o Distrito Federal, as autarquias e fundações públicas de Direito Público, apesar de o artigo 85 da Lei de Licitações declarar expressamente que as infrações penais nela previstas referem-se também a licitações de contratos empreendidos pelas empresas públicas, sociedades de economia mista e das fundações públicas de direito privado.[197]

Penso, todavia, que a conjugação do artigo 22, XXVII, da Constituição Federal combinado com o artigo 85 da Lei n. 8.666/1993 autoriza concluir pela aplicabilidade do referido artigo 96 aos procedimentos licitatórios e aos contratos administrativos celebrados pelas empresas públicas, sociedades de economia mista e fundações governamentais.

CONSUMAÇÃO

Por tratar-se de crime material, tanto a consumação, como a tentativa estão condicionadas ao prejuízo causado à Administração Pública. Consuma-se o crime com a fraude efetiva à Administração Pública em licitação instaurada ou em contrato dela decorrente. A consumação dos crimes acimas ocorreria com a constatação do prejuízo, no momento em que houver o pagamento por parte da Administração Pública.

A tentativa dar-se-ia sempre que praticada a conduta descrita não ocorrer o pagamento por circunstâncias alheias à vontade do agente.

ELEMENTO SUBJETIVO

O elemento subjetivo é a vontade livre e consciente de praticar as condutas descritas no artigo 96 da Lei n. 8.666/1993, ou seja, fraudar licitação instaurada para aquisição ou venda de bens ou mercadorias ou contrato.

---

[197] FREITAS, André Guilherme Tavares. *Crime na Lei de Licitações*. 3ª Ed. Rio de Janeiro: Impetus, 2013, p. 136; BITENCOURT, Cezar Roberto. *Direito Penal das Licitações*. São Paulo: Saraiva, 2012, p. 321.

A ele juntar-se-ia o dolo específico de causar um prejuízo econômico à Fazenda.

PENA

A pena de detenção passível de aplicação varia de 3 (três) a 6 (seis) anos.

Capítulo XI

LICITAR OU CONTRATAR COM INIDÔNEO

Sumário: Considerações gerais. Condutas puníveis. Objetividade jurídica. Sujeito. Elemento subjetivo. Consumação. Tentativa. Pena.

CONSIDERAÇÕES GERAIS

Art. 97. Admitir à licitação ou celebrar contrato com empresa ou profissional declarado inidôneo:

Pena – detenção, de 6 (seis) meses a 2 (dois) anos, e multa.

Parágrafo único. Incide na mesma pena aquele que, declarado inidôneo, venha a licitar ou a contratar com a Administração.

A chamada declaração de inidoneidade é uma das possíveis sanções administrativas aplicáveis pela Administração Pública ao contratado, pessoa física ou jurídica, em decorrência de inexecução grave do contrato prevista no artigo 87, inciso IV, da Lei n. 8.666/1993, assim redigida: "declaração de inidoneidade para licitar ou contratar com a Administração Pública enquanto perdurarem os motivos determinantes da punição ou até que seja promovida a reabilitação perante a própria autoridade que aplicou a penalidade, que será concedida sempre que o contratado ressarcir a Administração pelos prejuízos resultantes e após decorrido o prazo da sanção aplicada com base no inciso anterior".

Estas, contudo, não são as únicas causas de imposição das sanções porque, nos termos do artigo 88, da Lei n. 8.666/1993, pode fundamentar a imposição de pena de declaração de inidoneidade a condenação definitiva por crime doloso de fraude fiscal no recolhimento de tributos; a prática de atos ilícitos com vistas a frustrar os objetivos da licitação e a prática de outros atos ilícitos.

Por força da declaração de inidoneidade, o particular está proibido de participar de licitação ou contratar com a Administração Pública porque se firmou contra ele a presunção absoluta de que carece dos requisitos mínimos de idoneidade. Para isso, pressupõe-se que haja decisão administrativa definitiva que impôs a sanção.

A norma pune criminalmente a comissão ou a autoridade competente que admite participar numa licitação quem foi declarado inidôneo ou, então, o que é pior, aquele que não obstante a referida declaração celebra contrato administrativo com empresa ou pessoa declarada inidônea. Segundo Diógenes Gasparini, "a norma penal não distingue contratação decorrente de licitação de contratação originada de processos de dispensa ou inexigibilidade de licitação" e, assim, para ele, " o crime configura-se em qualquer dessas hipóteses, pois a norma condena o contratar com a empresa ou profissional inidôneo, não se importando com a origem do ajuste".[198]

Há de se distinguir habilitação, de fase de habilitação. Habilitar é reconhecer no interessado capacidade para licitar. Este reconhecimento acerca da aptidão para licitar ocorre em todos os procedimentos licitatórios, tenham ou não uma fase de habilitação. Fase de habilitação representa uma etapa autônoma na intimidade do procedimento licitatório

---

[198] GASPARINI, Diógenes. *Crimes na Licitação*. 3ª Ed. São Paulo: Editora NDJ, 2004, p. 154.

voltada para, exclusivamente, auferir a idoneidade dos interessados. Nós a temos na fase de habilitação na concorrência e na tomada de preços. Não a temos no convite.

Na concorrência a habilitação dos proponentes se faz na fase preliminar do julgamento das propostas, pela mesma comissão que a julgará ou pela comissão incumbida dos registros cadastrais. Do exame da documentação apresentada pelo interessado na concorrência resultará sua *qualificação* ou *desqualificação*, isto é, sua *habilitação* ou *inabilitação* para licitar.

Na tomada de preços a habilitação é anterior à abertura da licitação e é genérica porque o interessado se inscreve no registro cadastral e acaba qualificado conforme sua especialização profissional e classificado na faixa de sua capacidade técnica e financeira.

No convite a habilitação é *a priori* para cada caso visto que a Administração convoca os que julga capacitados e idôneos para executar o objeto da licitação, o que não a impede de exigir os comprovantes de capacidade jurídica, regularidade fiscal, trabalhista, capacidade técnica e idoneidade financeira dos que se apresentarem em atendimento da carta-convite.

A distinção interessa-nos por que para fins penais pode cometer o crime aquele que na concorrência declara habilitado alguém sancionado com a declaração de inidoneidade; na tomada de preços inscreve no registro cadastral quem foi declarado inidôneo e depois o admite no procedimento licitatório, ou, ainda, aquele que no convite convoca pessoa declarada inidônea, que, então, aceita participar da licitação. Em todas essas situações é imprescindível que o inidôneo participe realmente da licitação.

CONDUTAS PUNÍVEIS

O artigo 97 pune duas condutas:

A primeira admitir à licitação empresa ou profissional declarado inidôneo. Admitir significa aceitar, acolher, tolerar como participante da licitação empresa ou profissional declarado inidôneo.

A segunda celebrar contrato com empresa ou profissional declarado inidôneo.

OBJETIVIDADE JURÍDICA

Busca-se proteger, em última análise, a moralidade administrativa, porque, conforme ressalvado, não se tem como admitir à licitação ou contratar empresa ou profissional declarado formalmente inidôneo para licitar ou contratar com a Administração Pública, sem ofender a obrigatória observância do princípio da moralidade administrativa.[199]

O artigo acima protege a lisura, correção e transparência do procedimento licitatório.

SUJEITO

O sujeito ativo do crime no tipo descrito no "caput" só pode ser o membro da comissão ou o servidor público competente para admitir à licitação ou para contratar empresa ou profissional idôneo. É na lição de Rui Stoco "o agente público com poderes e atribuições para admitir ou rejeitar pretendente à licitação ou com ele celebrar o contrato decorrente do certame".[200] Para Diógenes Gasparini o sujeito ativo na tipificação é o servidor público competente para admitir à licitação ou para contratar empresa ou profissional idôneo, que, no entanto, admite ou contrata empresa ou profissional inidôneo, o que indica que se cuida de crime próprio de servidor público regularmente investido em ditas competências.[201]

Para ele o crime ainda é próprio de servidor público mesmo quando a admissão de empresa ou profissional à licitação está a cargo da

---

[199] GASPARINI, Diógenes. *Crimes na Licitação*. 3ª Ed. São Paulo: Editora NDJ, 2004, p. 157; BITENCOURT, Cezar Roberto. *Direito Penal das Licitações*. São Paulo: Saraiva, 2012, p. 346.

[200] FRANCO, Alberto Silva; STOCO, Rui. *Código de processo penal e sua interpretação jurisprudencial*. São Paulo: RT, 2001, p. 2591.

[201] GASPARINI, Diógenes. *Crimes na Licitação*. 3ª Ed. São Paulo: Editora NDJ, 2004, p. 157.

Comissão de Licitação ou do Responsável pelo convite, de modo que admitida a empresa ou o profissional inidôneo por esse colegiado, todos os seus membros cometem o crime, salvo se um deles manifesta expressa divergência consignada em ata com a devida fundamentação.[202]

O sujeito passivo é a Administração Pública.

ELEMENTO SUBJETIVO

O crime é doloso. Pune-se, portanto, o comportamento deliberado do agente que tendo conhecimento da existência de declaração de inidoneidade admite a participação do inidôneo no procedimento licitatório ou, então, o contrata administrativamente. Não se pune o crime culposo, nem o chamado dolo eventual, embora com relação ao dolo eventual alguns autores o admitam, como, por exemplo, quando ocorre a contratação de empresa ou pessoa inidônea amparada em decisão judicial provisória.

Para Cezar Roberto Bitencourt o elemento subjetivo é o dolo representado pela vontade consciente de praticar qualquer das duas condutas descritas no caput do art. 97, ou seja, de admitir a licitação ou celebrar contrato com empresa ou profissional declarado inidôneo, sendo indispensável que o servidor encarregado do procedimento licitatório tenha conhecimento da declaração de inidoneidade para licitar ou contratar, sob pena de incorrer em erro de tipo.[203]

CONSUMAÇÃO

Consuma-se o crime com a admissão no procedimento licitatório daquele declarado inidôneo ou com sua contratação.

---

[202] GASPARINI, Diógenes. *Crimes na Licitação*. 3ª Ed. São Paulo: Editora NDJ, 2004, p. 158.

[203] BITENCOURT, Cezar Roberto. *Direito Penal das Licitações*. São Paulo: Saraiva, 2012, p. 358.

TENTATIVA

O tipo penal não admitiria tentativa quando cuida da ação de "admitir à licitação" empresa ou profissional inidôneo sob a justificativa de que a consumação do crime é instantânea e por não haver, então, *iter criminis*.[204]

André Guilherme Tavares de Freitas discorda desse posicionamento, pois para ele a tentativa é plenamente possível diante de a possibilidade de, em várias situações, ser fracionado o *iter criminis* a partir da execução, como no caso de admissibilidade à licitação não confirmada em grau de recurso administrativo.[205]

Parágrafo único. Incide na mesma pena aquele que, declarado inidôneo, venha a licitar ou a contratar com a Administração.

A lei pune o comportamento daquele declarado inidôneo venha a participar da licitação ou contratar com a Administração.

PENA

Pune-se o comportamento com a pena de 6 (seis) meses a 2 (dois) anos e multa.

---

[204] GASPARINI, Diógenes. *Crimes na Licitação*. 3ª Ed. São Paulo: Editora NDJ, 2004, p. 159.

[205] FREITAS, André Guilherme Tavares. *Crime na Lei de Licitações*. 3ª Ed. Rio de Janeiro: Impetus, 2013, p. 147.

Capítulo XII

OBSTAR, IMPEDIR OU DIFICULTAR O CADASTRAMENTO

Sumário: Considerações Gerais. Condutas puníveis. Objetividade Jurídica. Sujeitos do Crime. Consumação e Tentativa. Elemento Subjetivo. Pena.

CONSIDERAÇÕES GERAIS

Art. 98. Obstar, impedir ou dificultar, injustamente, a inscrição de qualquer interessado nos registros cadastrais ou promover indevidamente a alteração, suspensão ou cancelamento de registro do inscrito:

Pena – detenção, de 6 (seis) meses a 2 (dois) anos, e multa.

A Administração pode manter registros cadastrais atualizados e emitir certificados que substituam os documentos enumerados nos artigos 28 a 31 da Lei n. 8.666/1993 (art. 32, § 6º, combinado com o art. 36, § 1º, da Lei n. 8.666/1993). O registro cadastral é um sistema de armazenamento dos dados necessários à comprovação da regularidade jurídica, fiscal, técnica e econômico-financeira. Cuida-se de serviço de documentação e arquivamento de dados com o propósito de facilitar a participação dos licitantes. O cadastro é um banco de dados organizado pela Administração Pública com a relação das pessoas habilitadas previamente a partir de licitação e informação sobre sua situação jurídica, fiscal, técnica e econômica.

A inscrição no cadastro independe da realização de licitação específica. Como banco de dados, possibilita à Administração recorrer a ele para avaliar a idoneidade do licitante. Cuida-se de procedimento simplificador da fase de procedimento de habilitação, na medida em que o licitante inscrito no cadastro fica dispensado de apresentar os documentos no procedimento específico, pois sua habilitação foi realizada previamente.

Conforme lição de Marçal Justen Filho, "para os particulares a inscrição nos registros cadastrais representa a possibilidade de promover a comprovação de requisitos perante a Administração sem os atropelos e riscos exigidos em determinada licitação".[206]

A lei faculta a utilização do registro cadastral de outros órgãos ou entidades, desde que previsto no ato convocatório.

O interessado tem o direito de se inscrever gratuitamente nos cadastros organizados pela Administração. A inscrição é feita por categorias, segundo especialidades, qualificação técnica e econômica (art. 36 da Lei n. 8.666/1993). A inscrição no cadastro não é obrigatória, mas facultativa. A Administração Pública federal mantém um sistema de cadastro unificado de fornecedores – SICAF –, e um ou outro diploma infralegal exige a inscrição obrigatória, mas o TCU por diversas vezes manifestou-se no sentido de constituir cerceamento ao caráter competitivo a exigência de inscrição no SICAF como condição de habilitação, em evidente afronta ao mandamento previsto no inciso I do § 1º do art. 3º da Lei n. 8.666/1993.

A inscrição no cadastro corresponde a uma habilitação, na medida em que envolve apreciação dos requisitos dos artigos 27 a 31. Deve

---

[206] JUSTEN FILHO, Marçal. *Comentários à Lei de Licitações e Contratos Administrativos*. 13ª Ed. São Paulo: Dialética, 2008, p. 488.

observar o princípio da equivalência, isto é, não deve ser nem mais nem menos rigorosa que a habilitação.[207] Às vezes, porém, o rigor na habilitação na licitação é diverso do rigor na inscrição no cadastro, de modo que o cadastro não dispensa o sujeito de ter de comprovar o cumprimento das exigências específicas para licitações que apresentem peculiaridades.[208]

A prova de prévia habilitação genérica no registro cadastral é feita por Certificado de Registro Cadastral/CRC, válido por um ano, conforme dispõe o art. 36, § 1º, da Lei n. 8.666/1993.

CONDUTAS PUNÍVEIS

Na primeira parte três verbos (obstar, impedir ou dificultar) descrevem a conduta punível relacionada a impedir ou dificultar a inscrição de interessados no registro cadastral da Administração Pública, enquanto a segunda parte descreve a conduta de alterar, suspender ou cancelar indevidamente o registro do inscrito.

Obstar significa estorvar, embaraçar, opor-se; Impedir significa obstruir, impossibilitar, inviabilizar ou não deixar realizar; Dificultar significa obstaculizar, tumultuar, confundir, perturbar ou atrapalhar, criar embaraços.[209]

Criminaliza-se também o comportamento de promover, realizar, fomentar, indevidamente, a alteração, suspensão ou cancelamento de registro do inscrito.

A elementar normativa injustamente ou indevidamente significa que as condutas obstar, impedir ou dificultar ou a de promover a alteração,

---

[207] JUSTEN FILHO, Marçal. *Comentários à Lei de Licitações e Contratos Administrativos*. 13ª Ed. São Paulo: Dialética, 2008, p. 494.

[208] JUSTEN FILHO, Marçal. *Comentários à Lei de Licitações e Contratos Administrativos*. 13ª Ed. São Paulo: Dialética, 2008, p. 494.

[209] BITENCOURT, Cezar Roberto. *Direito Penal das Licitações*. São Paulo: Saraiva, 2012, p. 370.

suspensão ou cancelamento para serem punidas exige a inexistência de causa justa a justificá-las.

OBJETIVIDADE JURÍDICA

O bem jurídico protegido é a tutela da certeza e da segurança dos registros cadastrais[210], embora diversos autores destaquem o interesse da Administração Pública em obter o maior número possível de concorrentes em licitações e, por consequência, a melhor proposta disponível no mercado.[211]

SUJEITOS DO CRIME

Na primeira parte, em tese, o agente pode ser qualquer pessoa, servidor público ou não, embora seja difícil antever por que alguém, que não seja servidor público, poderia obstar, impedir ou dificultar a inscrição de interessados no registro cadastral da Administração Pública, enquanto na segunda parte a alteração, suspensão ou cancelamento do registro inscrito somente pode ser feita por quem esteja investido regularmente na função de responsável pelo registro cadastral, e possa haver a participação de pessoas estranhas à Administração Pública.

O sujeito passivo é o ente da Administração responsável pelos registros cadastrais e subsidiariamente a pessoa física ou jurídica que foi impedida de cadastrar-se ou teve o seu cadastro alterado.

CONSUMAÇÃO E TENTATIVA

Consuma-se o crime com o impedimento ou a dificuldade de inscrição do interessado nos registros cadastrais na primeira parte ou no momento em que houve sua alteração na segunda parte.

---

[210] FREITAS, André Guilherme Tavares. *Crime na Lei de Licitações*. 3ª Ed. Rio de Janeiro: Impetus, 2013, p. 176.

[211] GRECO FILHO, Vicente. *Dos Crimes da Lei de Licitações*. São Paulo: Saraiva, 2007, p. 129.

Na conduta de *dificultar* não exige a lei que se impeça ou não se realize o registro ou que a alteração, suspensão ou cancelamento se efetive, basta a causação de empecilhos, mas nas ações de *obstar, impedir* e *promover* impõe-se que o resultado ocorra.

Admite-se a tentativa em ambas as modalidades, pelo menos em algumas de suas ações. A tentativa seria possível nas modalidades de obstar e impedir; não seria possível na modalidade dificultar.

ELEMENTO SUBJETIVO

Os tipos penais são dolosos. Exigem vontade consciente de realizar alguma das condutas previstas. A consciência do agente deve abarcar todas as circunstâncias descritas no tipo.

PENA

Detenção de 6 (seis) meses a 2 (dois) anos aplicada cumulativamente com a pena de multa.

Capítulo XIII

DO PROCESSO E DO PROCEDIMENTO JUDICIAL

CONSIDERAÇÕES SOBRE O PROCESSO E O PROCEDIMENTO JUDICIAL

Os crimes na lei de licitações submetem-se a persecução incondicionada do Ministério Público. Cabe, então, ao Ministério Público, sem necessidade de qualquer condição ou requisito, diante da materialidade e indícios de autoria, promover ação penal pública incondicionada contra os autores (art. 100).

Não obstante a ação penal seja pública e incondicionada, qualquer pessoa poderá provocar a iniciativa do Ministério Público, fornecendo-lhe, por escrito, informações sobre o fato e sua autoria, bem como as circunstâncias em que se deu a ocorrência (art. 101).

Cabem aqui algumas considerações acerca da persecução penal e a delação anônima. Como orientação geral, as autoridades públicas não podem iniciar qualquer medida de persecução penal com apoio unicamente em escritos anônimos, embora nada impeça o Poder Público, provocado por delação anônima, de adotar medidas informais destinadas a apurar previamente com prudência e discrição a ocorrência de eventual situação de ilicitude penal com o objetivo de conferir a verossimilhança dos fatos nela denunciados em ordem a promover a formal instauração da persecução criminal.

Esse é o entendimento do Supremo Tribunal Federal cuja jurisprudência reputa legítima a instauração de procedimento investigatório a partir de delação anônima desde que efetivadas pela autoridade policial diligências preliminares destinadas a constatar a verossimilhança dos dados informativos veiculados pelo delator anônimo (HC 95.244/PE, Rel. Min. Dias Toffoli; RHC 116.000-AgR/GO, Rel. Min. Celso de Mello), de modo que "nada impede a deflagração da persecução penal pela chamada 'denúncia anônima', desde que esta seja seguida de diligências realizadas para averiguar os fatos noticiados".

Colhe-se do voto do Ministro Celso de Mello, proferido no Recurso Ordinário em Habeas Corpus 117.988, Rio Grande do Sul, o valioso magistério expedindo por Giovanni Leone (*Il Codice di Procedura Penale Illustrato Articolo per Articolo*, sob a coordenação de Ugo Conti, vol. I/ 562-564, itens ns. 154/155, 1937, *Società Editrice Libraria*, Milano), cujo entendimento, no tema, admite, quanto a escritos anônimos ou apócrifos, a possibilidade de a autoridade pública, a partir de tais documentos e mediante atos investigatórios destinados a conferir a verossimilhança de seu conteúdo, promover então, em caso positivo, a formal instauração da pertinente *persecutio criminis*, mantendo-se, assim, completa desvinculação desse procedimento estatal em relação às peças apócrifas que forem encaminhadas aos agentes do Estado, salvo se os escritos anônimos constituírem o próprio corpo de delito ou provierem do acusado.

A Lei de Licitações no artigo 102 impõe às autoridades constituídas – magistrados, membros dos Tribunais ou Conselhos de Contas ou os titulares dos órgãos integrantes do sistema de controle interno de qualquer dos Poderes – o dever de remeter cópias e documentos ao Ministério Publico quando verificarem a existência dos crimes.

A Lei de Licitações no artigo 103 admitiu a ação penal privada subsidiária da pública, se esta não for ajuizada no prazo legal. Assim, ante a possibilidade de negligência do Ministério Público o legislador, a exemplo do que determinara no artigo 29 do Código de Processo Penal, deliberou permitir ao ofendido substituir o Ministério Público desidioso na atividade persecutória.

Fala-se em ação privada subsidiária da pública que, "conforme se encontra na história da evolução dos sistemas processuais do mundo ocidental, nada mais é, então, que o reconhecimento explícito da existência do interesse também privado na imposição de sanção penal ao autor do fato criminoso. E uma vez que tal interesse, que anteriormente legitimava o próprio direito de ação, seja atingido pela inércia e inação do órgão estatal acusatório, abre-se ensejo à iniciativa do ofendido, ou, na hipótese de sua morte ou ausência, aos sucessores processuais arrolados no art. 31 do CPP para o exercício de verdadeiro direito ao início da persecução penal".[212]

Como visto, pressuposto do exercício da ação privada subsidiária da Pública é a desídia do Ministério Público, isto é, a ausência de qualquer manifestação dentro do prazo previsto na lei para o oferecimento da denúncia.[213]

Cumpre, por fim, dizer que a constitucionalização da ação penal privada subsidiária da pública (art. 5º, inciso LIX, da C.F) a elevou a direito fundamental e a transformou em importante instrumento de fiscalização do exercício da ação penal pública pelo Ministério Público.[214]

Recebida a denúncia e citado o réu, terá este o prazo de 10 (dez) dias para apresentação de defesa escrita, contado da data do seu interrogatório, podendo juntar documentos, arrolar as testemunhas que tiver, em número não superior a 5 (cinco), e indicar as demais provas que pretenda produzir (art. 104).

Ouvidas as testemunhas da acusação e da defesa e praticadas as diligências instrutórias deferidas ou ordenadas pelo juiz, abrir-se-á,

---

[212] PACELLI, Eugênio. *Curso de Processo Penal.* 16ª Ed. São Paulo: Atlas, 2012, p. 159

[213] PACELLI, Eugênio. *Curso de Processo Penal.* 16ª Ed. São Paulo: Atlas, 2012, p. 159

[214] LIMA, Renato Brasileiro de. *Curso de Processo Penal.* Niterói, Rio de Janeiro: Impetus, 2013, p. 222.

sucessivamente, o prazo de 5 (cinco) dias a cada parte para alegações finais (art. 105).

Decorrido esse prazo, e conclusos os autos dentro de 24 (vinte e quatro) horas, terá o juiz 10 (dez) dias para proferir a sentença (art. 106).

Da sentença cabe apelação, interponível no prazo de 5 (cinco) dias (Art. 107).

No processamento e julgamento das infrações penais definidas nesta Lei, assim como nos recursos e nas execuções que lhes digam respeito, aplicar-se-ão, subsidiariamente, o Código de Processo Penal e a Lei de Execução Penal (Art. 108).

JURISPRUDÊNCIA

HC 121035 / PB – PARAÍBA

HABEAS CORPUS

Relator(a): Min. DIAS TOFFOLI

Julgamento: 01/04/2014 Órgão Julgador: Primeira Turma

PUBLICAÇÃO

PROCESSO ELETRÔNICO

DJe-085 DIVULG 06-05-2014 PUBLIC 07-05-2014

PARTE(S)

PACTE.(S) : JOSÉ SIMÃO DE SOUSA

IMPTE.(S) : MICHEL SALIBA OLIVEIRA

COATOR(A/S)(ES) : RELATOR DO HC N. 285.524 DO SUPERIOR TRIBUNAL DE JUSTIÇA

EMENTA

Habeas corpus. Processual penal. Crimes de fraude à licitação (Art. 90, da Lei n. 8.666/1993) e de formação de quadrilha (CP, art. 288, caput). Impetração dirigida contra decisão liminar do Superior Tribunal de Justiça indeferindo a medida liminar pleiteada. Incidência da Súmula n. 691 desta Corte Suprema. Precedentes. Não conhecimento do writ.

1. Trata-se de decisão indeferitória de liminar, devendo incidir, na espécie, a Súmula n. 691 do Supremo Tribunal Federal, segundo a qual "não compete ao Supremo Tribunal Federal conhecer de 'habeas corpus' impetrado contra decisão do Relator que, em 'habeas corpus' requerido a tribunal superior, indefere a liminar". 2. O descontentamento pela falta de êxito no pleito submetido ao Superior Tribunal de Justiça, ainda em exame precário e inicial, não pode ensejar o conhecimento deste writ, sob pena de supressão de instância e de grave violação das regras de competência. Precedentes. 3. Writ do qual não se conhece.

DECISÃO

Por maioria de votos, a Turma não conheceu da ordem de habeas corpus e cassou a liminar anteriormente deferida, nos termos do voto do relator, vencido o Senhor Ministro Marco Aurélio, Presidente, que admitia a impetração e indeferia a ordem. Falaram: o

Dr. Michel Saliba Oliveira, pelo paciente, e o Dr. Odim Brandão Ferreira, Subprocurador-Geral da República, pelo Ministério Público Federal. Primeira Turma, 1º.4.2014.

AP 565 / RO – RONDÔNIA

AÇÃO PENAL

Relator(a): Min. CÁRMEN LÚCIA

Julgamento: 08/08/2013 Órgão Julgador: Tribunal Pleno

PUBLICAÇÃO

ACÓRDÃO ELETRÔNICO

DJe-098 DIVULG 22-05-2014 PUBLIC 23-05-2014

PARTE(S)

AUTOR(A/S)(ES) : MINISTÉRIO PÚBLICO FEDERAL

PROC.(A/S)(ES) : PROCURADOR-GERAL DA REPÚBLICA

RÉU(É)(S) : IVO NARCISO CASSOL

ADV.(A/S) : EDUARDO ANTÔNIO LUCHO FERRÃO
RÉU(É)(S) : ANÍBAL DE JESUS RODRIGUES
RÉU(É)(S) : NEILTON SOARES DOS SANTOS
RÉU(É)(S) : IZALINO MEZZOMO
RÉU(É)(S) : IVALINO MEZZOMO
RÉU(É)(S) : JOSUÉ CRISOSTOMO
RÉU(É)(S) : SALOMÃO DA SILVEIRA
RÉU(É)(S) : ILVA MEZZOMO CRISÓSTOMO
RÉU(É)(S) : ERODI ANTONIO MATT
ADV.(A/S) : NASCIMENTO PAULINO

EMENTA

EMENTA: AÇÃO PENAL. CRIMES DE FRAUDE A LICITAÇÃO E DE QUADRILHA. CONCURSO DE PESSOAS. QUESTÃO DE ORDEM: SOBRESTAMENTO DA AÇÃO ATÉ DECISÃO DO TRIBUNAL DE CONTAS DA UNIÃO. INDEPENDÊNCIA DAS INSTÂNCIAS. IMPROCEDÊNCIA. PRELIMINARES: ARGUIÇÃO DE INCOMPETÊNCIA DO SUPREMO TRIBUNAL FEDERAL PARA JULGAMENTO DE RÉUS SEM PRERROGATIVA DE FORO: DESMEMBRAMENTO DO PROCESSO. ALEGAÇÕES DE INÉPCIA DA DENÚNCIA, DE NULIDADE DE INVESTIGAÇÃO CRIMINAL PELO MINISTÉRIO PÚBLICO, NULIDADE DA QUEBRA DE SIGILO BANCÁRIO E FISCAL AUTORIZADA PELO STJ, VÍCIO NA PRODUÇÃO DE PROVA PERICIAL E AUSÊNCIA DE CONDIÇÃO DE PUNIBILIDADE E DE JUSTA CAUSA PARA A AÇÃO PENAL. PRELIMINARES REJEITADAS. ALEGAÇÃO DE PRESCRIÇÃO DA PRETENSÃO PUNITIVA ESTATAL. PREJUDICIAL DE MÉRITO REJEITADA. AÇÃO PENAL JULGADA PARCIALMENTE PROCEDENTE. 1. Decisão do Tribunal de Contas da União não constitui condição de procedibilidade de crimes de fraude à licitação e quadrilha. Pelo princípio da independência das instâncias, é possível que a existência do fato alegadamente delituoso e a identificação da respectiva autoria se definam na esfera penal sem vinculação com a instância de controle exercida pelos Tribunais de Contas. Questão de ordem resolvida no sentido de não condicionar

a procedibilidade dos delitos imputados aos Réus a futura decisão do Tribunal de Contas da União. 2. Não viola as garantias do juiz natural e da ampla defesa, elementares do devido processo legal, a atração, por conexão ou continência, do processo do corréu ao foro por prerrogativa de função de um dos denunciados. Precedentes. 3. É apta a denúncia que especifica a conduta dos réus, expondo de forma pormenorizada o fato criminoso, preenchendo os requisitos do art. 41 do Código de Processo Penal. Da leitura da peça acusatória devem poder se esclarecer todos os elementos indispensáveis à existência de crime em tese, com autoria definida, de modo a permitir o pleno exercício do contraditório e da ampla defesa. 4. A jurisprudência do Supremo Tribunal é firme no sentido de que o Ministério Público pode oferecer denúncia com base em elementos de informação obtidos em inquéritos civis, instaurados para a apuração de ilícitos civis e administrativos, no curso dos quais se vislumbre suposta prática de ilícitos penais. Precedentes. 5. A questão relativa à nulidade da quebra de sigilo bancário e fiscal realizada pela usurpação de competência do Superior Tribunal de Justiça foi objeto de apreciação judicial definitiva nos autos da Reclamação 2217-RO, do Superior Tribunal de Justiça, e Recurso Extraordinário 562744-RO, deste Supremo Tribunal. 6. Laudos técnicos elaborados no curso de investigação preliminar não representam prova pericial, mas documental, constituída de forma unilateral pelo órgão acusatório e assim foi valorada, não incidindo, no caso, o disposto no art. 280 c/c art. 254, inc. I, do Código de Processo Penal, aplicável às perícias, realizadas no curso da ação ou mesmo antecipadamente, sempre sob o crivo do contraditório, ainda que diferido. 7. A circunstância de o Tribunal de Contas aprovar contas a ele submetidas não obsta a persecução penal promovida pelo Ministério Público e a responsabilização penal dos agentes envolvidos em delitos de malversação de dinheiro público. Admitir-se o contrário, importaria em subtrair à jurisdição do Poder Judiciário o julgamento de crimes, ficando essa atribuição afeta a órgãos que apenas detêm competência político-administrativa. 8. A questão relativa à falta de justa causa para a ação penal foi tratada no momento do recebimento da denúncia e a sua reiteração confunde-se com o mérito da ação penal, relacionando-se diretamente com o conjunto probatório produzido durante a instrução processual. 9. A escolha de modalidade licitatória diversa daquela exigida pela lei, com o fracionamento de despesa, constitui fraude ao caráter competitivo

inerente à licitação. Condenação de Ivo Narciso Cassol, Salomão da Silveira e Erodi Antonio Matt pela prática, por doze vezes, do crime previsto no art. 90 da Lei n. 8.666/1993. 10. Ausência de prova da participação de Aníbal de Jesus Rodrigues, Neilton Soares dos Santos, Izalino Mezzomo, Ivalino Mezzono, Josué Crisostomo e Ilva Mezzono Crisostomo nos crimes de fraude à licitação narrados na inicial. 11. Ausência do elemento relativo ao número mínimo de quatro pessoas para configuração do crime do art. 288 do Código Penal. 12. Ação penal julgada parcialmente procedente.

DECISÃO

O Tribunal, por unanimidade, rejeitou a questão de ordem, suscitada pelos réus Aníbal de Jesus Rodrigues, Neilton Soares dos Santos, Izalino Mezzomo, Ivalino Mezzomo, Josué Crisóstomo, Salomão da Silveira, Ilva Mezzomo Crisóstomo e Erodi Antonio Matt, de sobrestamento do inquérito até que o Tribunal de Contas da União profira decisão final nos processos de tomada de contas especiais de que tratam os convênios, acordos, ajustes ou outros congêneres, quanto a verbas federais repassadas aos municípios.

Rejeitada a questão de ordem, suscitada pelo Ministro Marco Aurélio, de incompetência do Supremo Tribunal Federal para julgar os réus não detentores de prerrogativa de foro, vencidos os Ministros Marco Aurélio (suscitante) e Ricardo Lewandowki. Em seguida, o Tribunal, por unanimidade, rejeitou as preliminares, suscitadas pelos réus, de inépcia da denúncia; de invalidade constitucional da investigação efetuada pelo Ministério Público; de usurpação da competência do Superior Tribunal de Justiça quanto à quebra de sigilo bancário e fiscal; de vício da produção de prova pericial; de ausência de condição de punibilidade e justa causa para ação penal, e de prejudicialidade do mérito pela prescrição da pretensão punitiva. Votou o Presidente nas questões de ordem e nas preliminares. Quanto ao mérito, após o voto da Ministra Cármen Lúcia (Relatora), julgando parcialmente procedente a ação penal para condenar os acusados Ivo Narciso Cassol, Salomão da Silveira e Erodi Antonio Matt como incursos, por 12 (doze) vezes, nas penas do art. 90 da Lei n. 8.666, de 21 de junho 1993; para absolver, em relação à imputação do art. 90 da Lei n. 8.666/1993, os acusados Aníbal de Jesus Rodrigues, Neilton Soares dos Santos, Izalino Mezzomo, Ivalino Mezzomo, Josué Crisóstomo, Ilva Mezzomo Crisóstomo, com base no art. 386, VII, do Código de Processo Penal; e para absolver, em relação à imputação do art. 288 do Código Penal, os acusados Ivo Narciso Cassol, Salomão da Silveira e Erodi Antonio Matt, com base no art. 386, III, do CPP, e os acusados Aníbal de Jesus Rodrigues, Neilton Soares dos Santos, Izalino Mezzomo, Ivalino Mezzomo, Josué Crisóstomo, Ilva Mezzomo Crisóstomo, com base no art. 386, VII, do CPP, o julgamento foi suspenso. Impedido o Ministro Luiz Fux. Falaram, pelo Ministério Público Federal, o Dr. Haroldo Ferraz da Nóbrega, Subprocurador-Geral da República, e, pelo réu Ivo Narciso Cassol, o Dr. Marcelo Leal de Lima Oliveira. Presidência do Ministro Joaquim Barbosa. Plenário, 07.8.2013.

Decisão: Prosseguindo no julgamento, o Tribunal julgou parcialmente procedente a ação penal para, quanto ao delito descrito no art. 90 da Lei n. 8.666, de 21 de junho de 1993, condenar, por unanimidade, os acusados Ivo Narciso Cassol,Salomão da Silveira e Erodi Antonio Matt; absolver, por unanimidade, os acusados Ivalino Mezzomo e Ilva Mezzomo Crisóstomo; e, em face do empate, após os votos dos Ministros Cármen Lúcia (Relatora), Teori Zavascki, Rosa Weber, Gilmar Mendes e Celso de Mello, julgando improcedente a ação penal, e os votos dos Ministros Dias Toffoli (Revisor), Roberto Barroso, Ricardo Lewandowski, Marco Aurélio e Joaquim Barbosa (Presidente), julgando-a procedente, absolver os acusados Aníbal de Jesus Rodrigues, Neilton Soares dos Santos, Izalino Mezzomo e Josué Crisóstomo, vencido o Ministro Marco Aurélio, que entendia ser aplicável o art. 21, inciso IX, alínea "a" do Regimento Interno. Quanto ao delito de formação de quadrilha, previsto no art. 288 do Código Penal, o Tribunal, por maioria, absolveu os acusados Ivo Narciso Cassol, Aníbal de Jesus Rodrigues, Neilton Soares dos Santos, Izalino Mezzomo, Ivalino Mezzomo, Josué Crisóstomo, Salomão da Silveira, Ilva Mezzomo Crisóstomo e Erodi Antonio Matt, vencidos os Ministros Marco Aurélio e Joaquim Barbosa (Presidente). Na sequência, o Tribunal, com relação ao réu Ivo Narciso Cassol, fixou a pena em 4 (quatro) anos, 8 (oito) meses e 26 (vinte) dias de detenção, nos termos do voto do Ministro Dias Toffoli (Revisor), vencidos os Ministros Cármen Lúcia (Relatora), Marco Aurélio, Celso de Mello e Joaquim Barbosa (Presidente), e a pena de multa no valor de R$ 201.817,05 (duzentos e um mil, oitocentos e dezessete reais e cinco centavos), monetariamente atualizado, a partir da formalização de cada um dos contratos impugnados, e revertido à Fazenda do Município de Rolim de Moura, Rondônia, vencidos os Ministros Teori Zavascki, Ricardo Lewandowski e Marco Aurélio, que não aplicavam a pena de multa. Estabelecido o regime semi-aberto para o cumprimento da pena de detenção, vencido o Ministro Marco Aurélio. Com relação aos réus Salomão da Silveira e Erodi

Antonio Matt, o Tribunal fixou a pena em 4 (quatro) anos, 8 (oito) meses e 26 (vinte e seis) dias de detenção, nos termos do voto do Ministro Dias Toffoli (Revisor), vencidos os Ministros Cármen Lúcia (Relatora), Marco Aurélio, Celso de Mello e Joaquim Barbosa (Presidente), e a pena de multa no valor de R$ 134.544,70 (cento e trinta e quatro mil, quinhentos e quarenta e quatro reais e setenta centavos), monetariamente atualizado, a partir da formalização de cada um dos contratos impugnados, e revertido à Fazenda do Município de Rolim de Moura, Rondônia, vencidos os Ministros Teori Zavascki, Ricardo Lewandowski e Marco Aurélio, que não aplicavam a pena de multa. Estabelecido o regime semi-aberto para o cumprimento da pena de detenção, vencido o Ministro Marco Aurélio. O Tribunal, por unanimidade, decretou a perda do cargo público de Salomão da Silveira e de Erodi Antonio Matt. Com relação ao réu Ivo Narciso Cassol, o Tribunal, por maioria, decidiu pela aplicação do artigo 55, inciso VI, e § 2º, da Constituição Federal, vencidos os Ministros Gilmar Mendes, Marco Aurélio, Celso de Mello e Joaquim Barbosa (Presidente). Reconhecida a incidência da interrupção da prescrição nesta data, vencido o Ministro Marco Aurélio. Impedido o Ministro Luiz Fux. Plenário, 08.08.2013.

HC 116680 / DF – DISTRITO FEDERAL

HABEAS CORPUS

Relator(a): Min. TEORI ZAVASCKI

Julgamento: 18/12/2013 Órgão Julgador: Segunda Turma

PUBLICAÇÃO

PROCESSO ELETRÔNICO

DJe-030 DIVULG 12-02-2014 PUBLIC 13-02-2014

PARTE(S)

PACTE.(S) : VALTER MORAIS DE ANDRADE

IMPTE.(S) : PABLO PICININ SAFE

COATOR(A/S)(ES) : SUPERIOR TRIBUNAL DE JUSTIÇA

EMENTA

Ementa: PROCESSUAL PENAL. HABEAS CORPUS. TRANCAMENTO DA AÇÃO PENAL. ART. 90 DA LEI N. 8.666/1993.

FORMAÇÃO DE QUADILHA. ART. 288 DO CÓDIGO PENAL. INÉPCIA DA INICIAL. FALTA DE INDICAÇÃO INDIVIDUALIZADA DAS CONDUTAS DELITIVAS. NÃO OCORRÊNCIA. FRAUDE À LICITAÇÃO. CRIME FORMAL. INVIABILIDADE DE ANÁLISE DE FATOS E PROVAS NA VIA DO HABEAS CORPUS. PRECEDENTES. ORDEM DENEGADA. 1. A jurisprudência desta Corte firmou entendimento no sentido de que a extinção da ação penal, de forma prematura, pela via do habeas corpus, somente se dá em hipóteses excepcionais, nas quais seja patente (a) a atipicidade da conduta; (b) a ausência de indícios mínimos de autoria e materialidade delitivas; ou (c) a presença de alguma causa extintiva da punibilidade. 2. A inicial acusatória narrou de forma individualizada e objetiva as condutas atribuídas ao paciente, adequando-as, em tese, aos tipos descritos na peça acusatória. 3. O Plenário desta Corte já decidiu que o delito previsto no art. 90 da Lei n. 8.666/1993 é formal, cuja consumação dá-se mediante o mero ajuste, combinação ou adoção de qualquer outro expediente com o fim de fraudar ou frustar o caráter competitivo da licitação, com o intuito de obter vantagem, para si ou para outrem, decorrente da adjudicação do seu objeto, de modo que a consumação do delito independe da homologação do procedimento licitatório. 4. Não há como avançar nas alegações postas na impetração acerca da ausência de indícios de autoria, questão que demandaria o revolvimento de fatos e provas, o que é inviável em sede de habeas corpus. Como se sabe, cabe às instâncias ordinárias proceder ao exame dos elementos probatórios colhidos sob o crivo do contraditório e conferirem a definição jurídica adequada para os fatos que restaram devidamente comprovados. Não convém, portanto, antecipar-se ao pronunciamento das instâncias ordinárias, sob pena de distorção do modelo constitucional de competências. 5. Ordem denegada.

DECISÃO

A Turma, por votação unânime, denegou a ordem, nos termos do voto do Relator. Ausentes, justificadamente, os Senhores Ministros Celso de Mello e Gilmar Mendes. 2ª Turma, 18.12.2013.

RHC 118030 / RS – RIO GRANDE DO SUL
RECURSO ORDINÁRIO EM HABEAS CORPUS
Relator(a): Min. LUIZ FUX
Julgamento: 19/08/2014 Órgão Julgador: Primeira Turma

PUBLICAÇÃO
ACÓRDÃO ELETRÔNICO
DJe-177 DIVULG 11-09-2014 PUBLIC 12-09-2014

PARTE(S)
RECTE.(S) : DEFENSORIA PÚBLICA DA UNIÃO
PROC.(A/S)(ES) : DEFENSOR PÚBLICO-GERAL FEDERAL
PACTE.(S) : SÉRGIO ROBERTO DANERIS DE MELLO
RECDO.(A/S) : MINISTÉRIO PÚBLICO MILITAR
PROC.(A/S)(ES) : PROCURADOR-GERAL DA REPÚBLICA

EMENTA

Ementa: PENAL E PROCESSUAL PENAL MILITAR. COMPETÊNCIA. USO DE DOCUMENTO IDEOLOGICAMENTE FALSO POR CIVIL. FRAUDE EM LICITAÇÃO. CONSUNÇÃO. RECURSO PARCIALMENTE PROVIDO. 1. A Justiça Militar da União é incompetente para julgar o crime de uso de documento ideologicamente falso cometido por civil quando não houver relação intrínseca da conduta com a atividade castrense. 2. O Supremo Tribunal Federal tem decidido, em casos análogos, pela incompetência da Justiça Militar da União para processar e julgar o uso de documento ideologicamente falso perante órgão das Forças Armadas (HC 108744, Relator(a): Min. DIAS TOFFOLI, Primeira Turma, julgado em 13/03/2012; HC 107731, Relator(a): Min. AYRES BRITTO, Segunda Turma, julgado em 17/05/2011; HC 101471, Relator(a): Min. AYRES BRITTO, Segunda Turma, julgado em 26/04/2011; HC 104837, Relator(a): Min. RICARDO LEWANDOWSKI, Primeira Turma, julgado em 28/09/2010) 3. *In casu*, o paciente usou declaração de capacidade ideologicamente falsa com o objetivo de contratar com o Exército brasileiro. O Superior Tribunal Militar entendeu pela competência da Justiça Militar da União em razão da ofensa direta à

moralidade castrense, aplicando o disposto no artigo 9º, III, "a" do Código Penal Militar: "art. 9º Consideram-se crimes militares, em tempo de paz: III – os crimes praticados por militar da reserva, ou reformado, ou por civil, contra as instituições militares, considerando-se como tais não só os compreendidos no inciso I, como os do inciso II, nos seguintes casos: contra o patrimônio sob a administração militar, ou contra a ordem administrativa militar." razão pela qual pretende o reconhecimento da incompetência absoluta da Justiça Militar da União para processar e julgar crime de uso de documento falso perante a administração militar cometido por civil. 4. *In casu*, não há relação de necessariedade entre o crime de falso e o crime previsto no artigo 89 da Lei n. 8.666/1993. É dizer, não é indispensável para o tipo do artigo 89 da Lei n. 8.666/1993 que se utilize de documento ideologicamente falso, o uso do documento não perfaz elemento normativo do tipo descrito na Lei das Licitações, razão pela qual não há consunção entre os delitos. 5. Recurso Ordinário a que se dá parcial provimento, para remeter os autos à Justiça Federal em Bagé/RS;

DECISÃO

Por maioria de votos, a Turma deu parcial provimento ao recurso ordinário em habeas corpus, nos termos do voto do relator, vencido o Senhor Ministro Marco Aurélio, Presidente. Primeira Turma, 19.8.2014.

PROCESSO

RHC 19728 / PR

RECURSO ORDINARIO EM HABEAS CORPUS

2006/0141764-2

Relator(a): Ministra LAURITA VAZ (1120)

Órgão Julgador: T5 – QUINTA TURMA

Data do Julgamento: 05/05/2009

Data da Publicação/Fonte

DJe 29/06/2009

LEXSTJ vol. 241 p. 293

EMENTA

RECURSO ORDINÁRIO EM HABEAS CORPUS. PROCESSUAL PENAL. CRIME DE FRAUDE À LICITAÇÃO. ALEGAÇÃO DE INÉPCIA DA DENÚNCIA. PACIENTE QUE FOI DENUNCIADO APENAS POR PARTICIPAR DA DIREÇÃO DE EMPRESA QUE TERIA SUPOSTAMENTE FRAUDADO LICITAÇÃO. AUSÊNCIA DE INDIVIDUALIZAÇÃO MÍNIMA DE SUA CONDUTA. INÉPCIA DA DENÚNCIA.

1. Embora não seja necessária a descrição pormenorizada da conduta de cada acusado, nos crimes societários, não se pode conceber que o órgão acusatório possa deixar de estabelecer qualquer vínculo entre o denunciado e a empreitada criminosa a ele imputada.

2. O simples fato de o réu figurar como um dos diretores de uma pessoa jurídica que, na condição de participante de processo licitatório, teria, em tese, fraudado a licitação, não autoriza a instauração de processo criminal, se não restar comprovado o vínculo entre a conduta e o agente, sob pena de se reconhecer impropriamente a responsabilidade penal objetiva.

3. A inexistência absoluta de elementos individualizados que apontem a relação entre os fatos delituosos e a autoria, ofende o princípio constitucional da ampla defesa, tornando, assim, inepta a denúncia.

4. Recurso provido para, reconhecendo a inépcia da denúncia, por ausência de individualização da conduta, determinar o trancamento da ação penal instaurada em desfavor do Recorrente.

ACÓRDÃO

Vistos, relatados e discutidos estes autos, acordam os Ministros da QUINTA TURMA do Superior Tribunal de Justiça, na conformidade dos votos e das notas taquigráficas a seguir, por unanimidade, dar provimento ao recurso, nos termos do voto da Sra. Ministra Relatora.

Os Srs. Ministros Arnaldo Esteves Lima, Napoleão Nunes Maia Filho, Jorge Mussi e Felix Fischer votaram com a Sra. Ministra Relatora.

APn 423 / MS

Relator(a): Ministro GILSON DIPP

Órgão Julgador: CE – CORTE ESPECIAL

Data do Julgamento: 21/11/2007

Data da Publicação/Fonte

DJ 18/02/2008 p. 19

EMENTA

CRIMINAL. AÇÃO PENAL ORIGINÁRIA. CRIMES DE FRAUDE À LICITAÇÃO.

OCORRÊNCIA DA PRESCRIÇÃO DA PRETENSÃO PUNITIVA COM RELAÇÃO AO DELITO PREVISTO NO ART. 92 DA LEI DE LICITAÇÕES. EXTINÇÃO DA PUNIBILIDADE.

ATIPICIDADE DA CONDUTA QUANTO AO DELITO DESCRITO NO ART. 89 DA MESMA NORMA. DESCRIÇÃO DE CONDUTA TÍPICA. AUSÊNCIA. ACUSAÇÃO IMPROCEDENTE.

AUSÊNCIA DE FATO TÍPICO. DENÚNCIA REJEITADA.

I. Hipótese em que a denúncia trata da suposta prática dos crimes de fraude à licitação, cometidos, em tese, por Secretário de Estado da Receita e Controle do Mato Grosso do Sul e depois Conselheiro Presidente do Tribunal de Contas do Estado do Mato Grosso do Sul.

II. Transcorridos mais de 08 anos entre os fatos e a presente data, a teor do art. 109, inciso IV, do Código Penal, resta extinta a punibilidade do acusado pela prescrição da pretensão punitiva, no tocante ao crime previsto no art. 92 da Lei de Licitações.

III. Rejeição da peça acusatória, na parte relativa ao delito descrito no art. 92 da Lei n. 8.666/1993, nos termos do art. 43, inciso II, do Código de Processo Penal.

IV. Não tem procedência a acusação se a denúncia não aponta conduta que se encaixe na descrição típica do dispositivo imputado ao agente, ante a ausência de referência a qualquer ato de declaração de inexigibilidade da licitação por parte do denunciado, mas apenas de

prorrogação contratual já prevista no acordo original e autorização da despesa oriunda de tal contrato.

V. Hipótese em que o ato de renovação do contrato de prestação de serviços já estava previsto no contrato originário, ocasião em que a licitação fora considerada inexigível. Ato de renovação no qual não houve nova declaração de inexigibilidade da licitação, mas tão-somente a prorrogação do contrato primeiro, conforme constante no ajuste inicial. No ato de renovar o contrato não se inclui o ato de inexigir a licitação, já anteriormente declarada por outros servidores.

VI. Ausência de descrição de fato típico, afetando a possibilidade de responsabilização penal pela prática do delito descrito no art. 89 da Lei n. 8.666/1993.

VII. Denúncia rejeitada.

ACÓRDÃO

Vistos, relatados e discutidos os autos em que são partes as acima indicadas, acordam os Ministros da CORTE ESPECIAL do Superior Tribunal de Justiça. A Corte Especial, por unanimidade, rejeitou a denúncia, nos termos do voto do Sr. Ministro Relator. Os Srs. Ministros Eliana Calmon, Paulo Gallotti, Laurita Vaz, Luiz Fux, João Otávio de Noronha, Teori Albino Zavascki, Castro Meira, Arnaldo Esteves Lima, Napoleão Nunes Maia Filho, Nilson Naves, Francisco Peçanha Martins, Humberto Gomes de Barros, Ari Pargendler, José Delgado, Fernando Gonçalves, Felix Fischer e Aldir Passarinho Junior votaram com o Sr. Ministro Relator.

Ausentes, justificadamente, os Srs. Ministros Hamilton Carvalhido, Francisco Falcão e Nancy Andrighi e, ocasionalmente, o Sr. Ministro Cesar Asfor Rocha.

O Sr. Ministro Hamilton Carvalhido foi substituído pelo Sr. Ministro Napoleão Nunes Maia Filho.

BIBLIOGRAFIA

ALESSI, Renato. *Sistema Istituzionale del Diritto Amministrativo Italiano*. 3ª Ed. Milão: Giuffrè, 1960.

ALEXY, Robert. *Teoria dos Direitos Fundamentais*. 2ª Ed. Traduzido por Virgilio Afonso da Silva. São Paulo: Malheiros, 2011.

ARAÚJO, Edmir Netto de. *Curso de Direito Administrativo*. 5ª Ed. São Paulo: Saraiva, 2010.

AURÉLIO, Bruno. *Atos Administrativos Ampliativos de Direito:* Revogação e Invalidação. São Paulo: Malheiros Editores, 2011.

BANDEIRA DE MELLO, Celso Antônio. *Curso de Direito Administrativo*. 29ª Ed. São Paulo: Malheiros Editores, 2012.

————. *Discricionariedade e Controle Jurisdicional*. 2ª Ed. São Paulo: Malheiros Editores, 2010.

————. *Eficácia das Normas Constitucionais e Direitos Sociais*. 1ª Ed. São Paulo: Malheiros Editores, 2011.

————. *Natureza e Regime Jurídico das Autarquias*. São Paulo: Ed. RT, 1967.

————. "Novos aspectos da função social da propriedade". *In*: *Revista de Direito Público* n. 84. São Paulo: RT, 1987, pp. 39-45.

————. *O Conteúdo Jurídico do Princípio da Igualdade*. 3ª Ed. São Paulo: Malheiros Editores, 2011.

BANDEIRA DE MELLO, Oswaldo Aranha. *Princípios Gerais de Direito Administrativo*. vol. I ("Introdução"). 3ª Ed. São Paulo: Malheiros Editores, 2010.Vol. II, Rio de Janeiro: Forense.

BERTONCINI, Mateus. *Princípios de Direito Administrativo Brasileiro*. São Paulo: Malheiros Editores, 2002.

BITENCOURT, Cezar Roberto. *Direito Penal das Licitações*. São Paulo: Saraiva, 2012.

CAETANO, Marcello. *Manual de Direito Administrativo*. vol. I, 7ª Ed; vol. II, 10ª Ed. Coimbra: Livraria Almedina, 1990.

CAJARVILLE-PELUFFO, Juan Pablo. *Sobre Derecho Administrativo*. Tomo II. Montevidéu: Fundação de Cultura Universitária, 2007.

CAMMAROSANO, Márcio. *O Princípio Constitucional da Moralidade e o Exercício da Função Administrativa*. Belo Horizonte: Fórum, 2006.

————; VALIM, Rafael; DAL POZZO, Augusto Neves. *Regime Diferenciado de Contratações Públicas/RDC*: Aspectos Fundamentais. Belo Horizonte: Fórum, 2011.

CANOTILHO, José Joaquim Gomes. *Direito Constitucional e Teoria da Constituição*. 7ª Ed. Coimbra: Livraria Almedina, 2003.

————. *Estudos sobre Direitos Fundamentais*. Coimbra: Coimbra Editora, 2004.

CARBONELL, Eloísa; MUGA, José Luís. *Agencias y Procedimiento Administrativo en Estados Unidos de América*. Madri: Marcial Pons, 1996.

CARVALHO, Raquel Melo Urbano. *Curso de Direito Administrativo*. 2ª Ed. Salvador: JusPodium, 2009.

CARVALHO FILHO, José dos Santos. *Direito Administrativo e Administração Pública*. 21ª Ed. Rio de Janeiro: Lúmen Iuris, 2010.

————. *Manual de Direito Administrativo*. 24ª Ed. Rio de Janeiro: Lúmen Iuris. 2009.

CASSAGNE, Juan Carlos. *El Principio de Legalidad y el Control Judicial de la Discrecionalidad Administrativa*. Buenos Aires: Marcial Pons, 2009.

CAUPERS, João. *Introdução ao Direito Administrativo*. 10ª Ed. Lisboa: Âncora Editora, 2009.

BIBLIOGRAFIA

CAVALCANTI, Themístocles Brandão. *Tratado de Direito Administrativo*. 5ª Ed. vols. II e III. Rio de Janeiro/São Paulo: Livraria Freitas Bastos S.A, 1964.

CINTRA, Antônio Carlos de Araújo. (1978) *Motivo e Motivação de Ato Administrativo*. Dissertação de Concurso à Livre-Docência de Direito Administrativo da Faculdade de Direito da USP. São Paulo, Brasil.

CIRNE LIMA, Ruy. *Princípios de Direito Administrativo*. 7ª Ed. Reelaborada por Paulo Alberto Pasqualini. São Paulo: Malheiros Editores, 2007.

COSTA Jr., Paulo José da. *Direito penal das licitações*. 2ª Ed. São Paulo: Saraiva, 2004

CRETELLA Jr., José. *Das Licitações Públicas*. 18ª Ed. Rio de Janeiro: Forense, 2006.

————. *Direito Administrativo Brasileiro*. Ed. Rio de Janeiro: Forense, 2000.

CUNHA, Sergio Sérvulo da. *Princípios Constitucionais*. São Paulo: Saraiva, 2006.

DALLARI, Adilson Abreu. *Aspectos Jurídicos da Licitação*. 7ª Ed. São Paulo: Saraiva, 2006.

————; FERRAZ, Sérgio. *Processo Administrativo*. 2ª Ed. São Paulo: Malheiros Editores, 2007.

DELMANTO, Celso. *Código Penal Comentado*. 6ª Ed. Edição Renovar, 2002.

DI PIETRO, Maria Sylvia Zanella. *Direito Administrativo*. 10ª Ed. São Paulo: Atlas, 2011.

————. *Parcerias na Administração Pública*. 3ª Ed. São Paulo: Atlas, 2005.

————; RIBEIRO, Carlos Vinícius Alves (Coords.). *Supremacia do Interesse Público e Outros Temas Relevantes do Direito Administrativo*. São Paulo: Atlas, 2010.

DROMI, José Roberto. *Derecho Administrativo*. 4ª Ed. Buenos Aires: Ed. Ciudad Argentina, 1995.

DUCROCQ, Théophile. *Cours de Droit Administratif*. vol. I. Paris: Ernest Thorin, Editeur, 1881.

DUGUIT, Léon. *Les Transformations du Droit Public.* Paris: La Mémoire Du Droit, 1999.

DUPUIS, Georges; *et al. Droit Administratif.* 12ª Ed. Paris: Dalloz, 2011.

ESCOLA, Héctor Jorge. *Compendio de Derecho Administrativo.* vol. II, Buenos Aires: Depalma, 1989.

———. *El Interés Público como Fundamento del Derecho Administrativo.* Buenos Aires: Depalma, 1989.

FRANCO, Alberto Silva; STOCO, Rui. *Código de processo penal e sua interpretação jurisprudencial.* São Paulo: RT, 2001.

FERRAZ, Sérgio; DALLARI, Adilson Abreu. *Processo Administrativo.* 2ª Ed. São Paulo: Malheiros Editores, 2007.

FERREIRA, Daniel. *Sanções Administrativas.* São Paulo: Malheiros Editores, 2001.

———. *Teoria Geral da Infração Administrativa a Partir da Constituição Federal de 1988.* Belo Horizonte: Fórum, 2009.

FERREIRA, Luiz Tarcísio Teixeira. *Parcerias Público-Privadas:* Aspectos Constitucionais. Belo Horizonte: Fórum, 2006.

FIGUEIREDO, Lúcia Valle. *Curso de Direito Administrativo.* 9ª Ed. São Paulo: Malheiros, 2008.

———. *Extinção dos Contratos Administrativos.* 3ª Ed. São Paulo: Malheiros Editores, 2002.

FRAGOLA, Umberto. *Gli Atti Amministrativi.* 2ª Ed. Nápoles: Eugenio Jovene, 1964.

FRAGOSO, Heleno Claudio. *Lições de Direito Penal:* A Nova Parte Geral. 10ª Ed. Rio de Janeiro: Forense, 1986.

FRANÇA, Phillip Gil. *O Controle da Administração Pública.* São Paulo: Ed. RT, 2008.

FRANÇA, Vladimir da Rocha. *Invalidação Judicial da Discricionariedade Administrativa.* Rio de Janeiro: Forense, 2000.

FREIRE, André Martins. *Manutenção e Retirada dos Contratos Administrativos Inválidos*. São Paulo: Malheiros Editores, 2008.

FREIRE Jr., Américo Bedê. *O Controle Judicial de Políticas Públicas*. São Paulo: Editora Revista dos Tribunais, 2005.

FREITAS, André Guilherme Tavares. *Crime na Lei de Licitações*. 3ª Ed. Rio de Janeiro: Impetus, 2013.

GABARDO, Emerson. *Interesse Público e Subsidiariedade*. Belo Horizonte: Fórum, 2009.

————; HACHEM, Daniel Wunder. "O suposto caráter autoritário da supremacia do interesse público e das origens do direito administrativo: uma crítica da crítica". *In*: DI PIETRO, Maria Sylvia Zanella; RIBEIRO, Carlos Vinícius Alves. (Coords.). *Supremacia do Interesse Público e Outros Temas Relevantes do Direito Administrativo*. São Paulo: Atlas, 2010.

GASPARINI, Diógenes. *Direito Administrativo*. 11ª Ed. São Paulo: Saraiva, 2008.

————. *Crimes na Licitação*. 3ª Ed. São Paulo: Editora NDJ, 2004.

GOMES, Orlando. *Contratos*. 12ª Ed. Rio de Janeiro: Forense, 1987.

GORDILLO, Agustín. *Tratado de Derecho Administrativo*. 7ª Ed. Tomo. 1: "Parte Geral". Belo Horizonte: Del Rey, 2003.

GRAU, Eros Roberto. *A Ordem Econômica na Constituição de 1988:* Interpretação e Crítica. 14ª Ed. São Paulo: Malheiros Editores, 2010.

GROTTI, Dinorá Adelaide Musetti. *O Serviço Público e a Constituição Brasileira de 1988*. São Paulo: Malheiros Editores, 2003.

————. "Teoria dos Serviços Públicos e sua Transformação". *In:* SUNDFELD, Carlos Ari. (Coord.). *Direito Administrativo Econômico*. São Paulo: Malheiros, 2006.

GUIMARÃES, Edgar. *Controle das Licitações Públicas*. São Paulo: Dialética, 2002.

GUIMARÃES, Fernando Vernalha. *Alteração Unilateral do Contrato Administrativo:* Interpretação de Dispositivos da Lei 8.666/1993. São Paulo: Malheiros Editores, 2003.

JÈZE, Gaston. *Los Principios Generales del Derecho Administrativo*. vol. III "El Funcionamiento de los Servicios Públicos". Buenos Aires: Depalma, 1949.

JUSTEN FILHO, Marçal. *Comentários à Lei de Licitações e Contratos Administrativos*. 13ª Ed. São Paulo: Dialética. 2008.

————. *Curso de Direito Administrativo*. 4ª Ed. São Paulo: Saraiva, 2005.

LASO, Enrique Sayagués. *Tratado de Derecho Administrativo*. 8ª Ed. Revista por Daniel Hugo Martins. Montevideo: Fundação de Cultura Universitária, 2002.

LAUBADÈRE, André de. *Direito Público Económico*. Coimbra: Livraria Almedina, 1985.

————. *Traité des Contrats Administratifs*. Tomo IIº. Paris: L.G.D.J, 1983.

LIMA, Renato Brasileiro de. *Curso de Processo Penal*. Niteroi, Rio de Janeiro: Impetus, 2013.

MAGALHÃES NORONHA, Edgard. *Direito penal*, vol. 1. São Paulo: Saraiva, 1981.

MARIENHOFF, Miguel S. *Tratado de Derecho Administrativo*. 2ª Ed. Tomo. V "Domínio Público". Buenos Aires: Abeledo Perrot, 1982.

MARTINS, Ricardo Marcondes. *Efeitos dos Vícios do Ato Administrativo*. São Paulo: Malheiros Editores, 2008.

————. "Princípio da moralidade". *In*: ADRI, Renata Porto; PIRES, Luís Manuel Fonseca; ZOCKUN, Maurício. (Coords.) *Corrupção, Ética e Moralidade Administrativa*. Belo Horizonte: Fórum, 2008.

————. *Regulação Administrativa à Luz da Constituição Federal*. São Paulo: Malheiros Editores, 2011.

MATEO, Ramón Martín; SANCHEZ, Juan José. *Manual de Derecho Administrativo*. 28ª Ed. Navarra: Arazandi, 2009.

MATOS, André Salgado de; SOUSA, Marcelo Rebelo. *Direito Administrativo Geral:* Atividade Administrativa. 2ª Ed. Tomo III. Alfragide: Dom Quixote, 2006.

MAURER, Hartmut. *Direito Administrativo Geral*. Barueri, São Paulo: Manole, 2006.

MEDAUAR, Odete. *Da Retroatividade do Ato Administrativo*. São Paulo: Max Limonad, 1986.

———. *Direito Administrativo Moderno*. 7ª Ed. São Paulo: Ed. RT, 2007; 11ª Ed. São Paulo: Ed. RT, 2010.

———. *O Controle da Administração Pública*. São Paulo: Ed. RT, 2012.

———. *O Direito Administrativo em Evolução*. 2ª Ed. São Paulo: Ed. RT, 2003.

MEDEIROS, Fábio Mauro. *Extinção do Ato Administrativo em Razão da Mudança de Lei:* Decaimento. Belo Horizonte: Fórum, 2009.

MEIRELLES, Hely Lopes. *Direito Administrativo Brasileiro*. 38ª Ed. São Paulo: Malheiros Editores, 2012

———. *Licitação e Contrato Administrativo*. 15ª Ed. São Paulo: Malheiros Editores, 2010.

MELLO, Rafael Munhoz de. *Princípios Constitucionais de Direito Administrativo Sancionador:* As Sanções Administrativas à Luz da Constituição Federal de 1988. São Paulo: Malheiros Editores, 2007.

MERKL, Adolfo. *Teoría General del Derecho Administrativo*. Granada: Editorial Comares, 2004.

MILESKI, Hélio Saul. *O Controle da Gestão Pública*. São Paulo: Ed. RT, 2003.

MIRANDA, Sandra Julien. *Do Ato Administrativo Complexo*. São Paulo: Malheiros Editores, 1998.

MONTEIRO, Vera. *Concessão*. São Paulo: Malheiros Editores, 2010.

MORAES, Alexandre de. *Constituição do Brasil Interpretada e Legislação Constitucional*. 6ª Ed. São Paulo: Atlas.

MOREIRA. Egon Bockmann; GUIMARÃES, Fernando Vernalha. *Licitação Pública:* A Lei Geral de Licitação – LGL e o Regime Diferenciado de Contratação – RDC. São Paulo: Malheiros Editores, 2012.

MOREIRA, Vital. *Autorregulação Profissional e Administração Pública*. Coimbra: Livraria Almedina, 1997.

MOREIRA NETO, Diogo de Figueiredo. *Curso de Direito Administrativo*. 14ª Ed. Rio de Janeiro: Forense, 2000.

NUCCI, Guilherme de Souza. *Código Penal Comentado*. 8ª Ed. São Paulo: Editora Revista dos Tribunais, 2008.

NIEBUHR, Joel de Menezes. *Licitação Pública e Contrato Administrativo*. 3ª Ed. Belo Horizonte: Editora Fórum, 2013.

NIEMEYER, Gerhart. "O interesse público e o interesse privado". *In*: FRIEDRICH, Carl K. (Ed.). *O Interesse Público*. Rio de Janeiro: O Cruzeiro, 1967.

NIETO, Alejandro. *Derecho Administrativo Sancionador*. 4ª Ed. Madri; Tecnos, 2006.

NOVAIS, Jorge Reis. *Direitos Sociais*: Teoria Jurídica dos Direitos Sociais enquanto Direitos Fundamentais. Coimbra: Coimbra Editora, 2010.

OLIVEIRA, José Roberto Pimenta. *Os Princípios da Razoabilidade e da Proporcionalidade no Direito Administrativo Brasileiro*. São Paulo: Malheiros Editores, 2006.

OLIVEIRA, Régis Fernandes de. *Ato Administrativo*. 4ª Ed. São Paulo: Ed. RT, 2001.

———. *Delegação e Avocação Administrativas*. 2ª Ed. São Paulo: Ed. RT, 2005.

———. *Infrações e Sanções Administrativas*. 2ª Ed. São Paulo: Ed. RT, 2005.

———. *Licitação*. São Paulo: Ed. RT, 1981.

———. *Servidores Públicos*. 2ª Ed. São Paulo: Malheiros Editores, 2008.

PACELLI, Eugênio. *Curso de Processo Penal*. 16ª Ed. São Paulo: Atlas, 2012.

PEREIRA, César A. Guimarães. *Usuários de Serviços Públicos*. São Paulo: Saraiva, 2006.

PETIAN, Angélica. *Regime Jurídico dos Processos Administrativos Ampliativos e Restritivos de Direito*. São Paulo: Malheiros Editores, 2011.

PIRES, Luís Manuel Fonseca. *Controle Judicial da Discricionariedade Administrativa*. Rio de Janeiro: Campus Jurídico, 2009.

———. *O Estado Social e Democrático e o Serviço Público*. Belo Horizonte: Fórum, 2011.

PRADO, Lucas Navarro; RIBEIRO, Maurício Portugal. *Comentários à Lei de PPP/Parceria Público-Privada:* Fundamentos Econômico-Jurídicos. São Paulo: Malheiros Editores, 2010.

PRATES, Marcelo Madureira. *Sanção Administrativa Geral:* Anatomia e Autonomia. Coimbra: Livraria Almedina, 2005.

QUEIROZ, Cristina. *Direitos Fundamentais Sociais.* Coimbra: Coimbra Editora, 2006.

ROCHA, Silvio Luís Ferreira da. *Manual de Direito Administrativo.* São Paulo: Malheiros, 2013.

————. *Curso avançado de Direito Civil*: Contratos. São Paulo: RT, 2002.

RODRIGUEZ, Tomás Ramón-Fernández; GARCÍA DE ENTERRÍA, Eduardo. *Curso de Derecho Administrativo.* 10ª Ed. Tomos. I e II. Madri: Thomson Civitas, 2006.

SARLET, Ingo Wolfgang. *A Eficácia dos Direitos Fundamentais.* 5ª Ed. Porto Alegre: Livraria do Advogado, 2005.

SCARPINELLA, Vera. *Licitação na Modalidade de Pregão.* 2ª Ed. São Paulo: Malheiros Editores, 2010.

SEABRA FAGUNDES, Miguel. *O Controle dos Atos Administrativos pelo Poder Judiciário.* 7ª Ed. Atualizada por Gustavo Binenbojm. Rio de Janeiro: Forense, 2006.

SILVA, José Afonso da. *Curso de Direito Constitucional Positivo.* 35ª Ed. São Paulo: Malheiros Editores, 2012.

SILVA, Ricardo Perlingeiro Mendes da; *et al. Código de Jurisdição Administrativa*: O Modelo Alemão. Rio de Janeiro: Renovar, 2009.

SILVA, Virgílio Afonso da. *Direitos Fundamentais*: Conteúdo Essencial, Restrições e Eficácia. 2ª Ed. São Paulo: Malheiros Editores, 2011.

SILVEIRA, Raquel Dias. *Profissionalização da Função Pública.* Belo Horizonte: Fórum, 2009.

SIMÕES, Mônica Martins Toscano. *O Processo Administrativo e a Invalidação de Atos Viciados.* São Paulo: Malheiros Editores, 2004.

SOUSA, Marcelo Rebelo; MATOS, André Salgado de. *Direito Administrativo Geral*: Atividade Administrativa. 2ª Ed. Tomo III. Alfragide: Dom Quixote, 2006.

SPARAPANI, Priscilia; ADRI, Renata Porto. *Intervenção do Estado no Domínio Econômico e no Domínio Social*. Belo Horizonte: Fórum, 2010.

SUNDFELD, Carlos Ari. *Fundamentos de Direito Público*. 5ª Ed. São Paulo: Malheiros Editores, 2011.

————. (Coord.). *Direito Administrativo Econômico*. São Paulo: Malheiros Editores, 2006.

————. (Coord.). *Parceiras Público-Privadas*. 2ª Ed. São Paulo: Malheiros Editores, 2011.

TALAMINI, Daniele Coutinho. *Revogação do Ato Administrativo*. São Paulo: Malheiros Editores, 2002.

TANAKA, Sônia Yuriko Kanashiro. *Concepção dos Contratos Administrativos*. São Paulo: Malheiros Editores, 2007.

TORRES, Sílvia Faber. *O Princípio da Subsidiariedade no Direito Público Contemporâneo*. Rio de Janeiro: Renovar, 2001.

VALIM, Rafael. *O Princípio da Segurança Jurídica no Direito Administrativo Brasileiro*. São Paulo: Malheiros Editores, 2010.

VENDRAME, Ivan. (2007) *A Tutela Penal da Moralidade Pública e do Erário Público nos Crimes Previstos na Lei n. 8.666, de 21 de junho de 1993*. Dissertação – Pontíficia Universidade Católica de São Paulo, São Paulo, Brasil.

VIOLIN, Tarso Cabral. *Terceiro Setor e as Parcerias com a Administração Pública:* uma Análise Crítica. Belo Horizonte: Fórum, 2006.

VITTA, Heraldo Garcia. *Aspectos Fundamentais da Licitação*. São Paulo: Malheiros Editores, 2015.

WALINE, Marcel. *Manuel Élémentaire de Droit Administratif*. 2ª Ed. Paris: Recueil Sirey, 1946.

WEIL, Prosper. *Derecho Administrativo*. Madri: Civitas, 1994.

WOLFF, Hans J; *et al. Direito Administrativo*. vol. 1. 11ª Ed. Traduzido por António F. de Souza. Fundação Calouste Gulbenkian, 2006.

ZANCANER, Weida. *Da Convalidação e da Invalidação dos Atos Administrativos*. 3ª Ed. São Paulo: Malheiros Editores, 2008.

ZOCKUN, Carolina Zancaner. *Da Intervenção do Estado no Domínio Social*. São Paulo: Malheiros Editores, 2009.

A Editora Contracorrente se preocupa com todos os detalhes de suas obras!
Aos curiosos, informamos que esse livro foi impresso pela
Gráfica R.R. Donnelley em papel Polén Soft em Julho de 2016.